月亮总是美丽的

THE MOON IS ALWAYS BEAUTIFUL

and other essays

READINGS IN
CHINESE
CULTURE SERIES

VOLUME
3
INTERMEDIATE HIGH
第三册

Weijia Huang 黄伟嘉
Boston University

Qun Ao 敖群
**United States Military Academy,
West Point**

CHENG & TSUI COMPANY
Boston

19 18 17 16 15 14 13   2 3 4 5 6 7 8 9 10

Published by
Cheng & Tsui Company, Inc.
25 West Street
Boston, MA 02111-1213 USA
Fax (617) 426-3669
www.cheng-tsui.com
"Bringing Asia to the World"™

Cover Design: Gia Giasullo, Studio eg
Interior Design: Maxine Ressler
Illustration: Jian Liu

ISBN 978-0-88727-637-8

Library of Congress Cataloging-in-Publication Data

Huang, Weijia, 1955-
    The Moon is always beautiful and other essays = [Yue liang zong shi mei hao de] / Weijia Huang, Qun Ao.
        p. cm. — (Readings in Chinese culture series ; vol. 3)
    Parallel title in Chinese characters.
    Includes bibliographical references and index.
    ISBN 978-0-88727-637-8 (pbk.)
    1. Chinese language—Textbooks for foreign speakers—English. I. Ao, Qun, 1955- II. Title. III. Title: Yue liang zong shi mei hao de. IV. Series.

PL1129.E5H824 2008
495.1'86421—dc22

                                                                    2008062306

Printed in the USA

◆ 目录 ◆
◆ 目錄 ◆

Contents

Preface

Despite the variety of Chinese textbooks available today, the need for a coherent sequence of reading materials, suitable for multiple levels of Chinese proficiency, remains. Cheng & Tsui Company recently invited us to develop such a series, starting from beginning Chinese and proceeding to advanced—a challenge we were delighted to meet.

This series of reading materials shall consist of five volumes, corresponding to five progressive levels of Chinese proficiency. Volume one is suitable for use by students in the second semester of their first year of Chinese study, or at the "Intermediate Low" level, according to ACTFL proficiency guidelines (please visit **www.actfl.org** for more information). Volumes two and three are designed for students in the first and second semesters, respectively, of their second year of study, or levels "Intermediate Mid" and "Intermediate High." Volumes four and five are appropriate for students in the first and second semesters, respectively, of third year Chinese: "Advanced Low" and "Advanced Mid."

The Moon Is Always Beautiful is the third volume of this Cheng & Tsui Readings in Chinese Culture Series. It is intended for students in the second semester of a second-year Chinese course.

Each volume consists of ten lessons. The text of each lesson is approximately five hundred characters in length and has a list of approximately thirty new vocabulary items. The vocabulary lists were chosen based on popular, standard Chinese language textbooks, and selections were further solidified after field testing. Exercises are provided at the end of each lesson in a variety of formats: matching related words, multiple-choice questions, questions covering essay content, and discussion questions for oral practice. Answer keys and a vocabulary index can be found at the end of each volume.

To accommodate a diverse range of proficiency levels and learning practices, each lesson also includes a list of frequently used words and phrases that are similar in meaning to vocabulary items, or otherwise related to the essay. In an appendix at the back of this book, the full text of each essay is also provided in *pinyin*, together with simplified Chinese characters, in consideration of various language levels and teaching styles. Furthermore, each lesson's text, vocabulary, and exercises are printed on facing pages in both simplified and traditional characters. The answer keys and index also provide both character forms.

We wrote the essays in such a way that the prose not only conforms to standard Mandarin Chinese, but also retains a smooth and straightforward flow. To ensure that students continue to review previously learned material, later lessons incorporate grammar patterns and vocabulary words that appear in earlier lessons.

At present, many American high schools have begun to offer an Advanced Placement (AP®) program in Chinese, and the AP® curriculum specifically emphasizes the need for students to understand and appreciate Chinese culture while studying the language. In preparing this series of reading materials, we made a concerted effort to ensure that linguistic practice is seamlessly integrated with the acquisition of cultural knowledge, so that students may understand both contemporary and historical Chinese culture through language learning. In order to accurately reflect both China's historical traditions and modern trends, all lessons that refer to classical stories include the original text along with its source. We also consulted various relevant materials and verified facts for all lessons that discuss present-day social issues.

We believe that students will find these compiled essays both intellectually stimulating and engaging. Our goal is that this series' lessons will help students broaden their linguistic range, stimulate their interest in learning Chinese, boost their reading comprehension level, and strengthen their understanding of Chinese culture.

We sincerely hope this series of reading materials will be of use to all students of Chinese—whether they are taking AP® Chinese language and culture courses in high school, are enrolled in Chinese language courses in college, or are studying Chinese independently.

We want to thank Cheng & Tsui Company for giving us the opportunity to create this series and for making many valuable suggestions. Our sincere thanks also go to Laurel Damashek and Kristen Wanner, of the Cheng & Tsui editorial department, for their great support and excellent work on this project. Our gratitude also extends to Mr. Jian Liu for his excellent illustrations in this volume. We also want to thank Xi Huang for his contributions to this project.

Any comments or criticisms from teachers and students alike would be gladly welcomed. These insights would be invaluable for the improvement of future editions of this book. Please direct any feedback to: **editor@cheng-tsui.com.**

Weijia Huang and Qun Ao
November 2007
Boston

编写说明

　　现在用于课堂语法教学的中文教材很多，但是缺少合适的不同层次的系列阅读教材，波士顿剑桥出版社约我们编写一套从初级到高级的阅读教材，我们欣然应承了下来。

　　这套教材共五册，涵盖五个不同的阶段。第一册适用于一年级第二学期，按照美国外语教学委员会(ACTFL)的语言标准，大致属于中低级水平；第二册适用于二年级第一学期，属于中中级水平；第三册适用于二年级第二学期，属于中高级水平；第四册适用于三年级第一学期，属于高低级水平；第五册适用于三年级第二学期，属于高中级水平。本册《月亮总是美好的》是第三册。

　　每一册有十篇课文，每篇课文500字左右，有30个生词。词汇的选用参考了常用的同等水平的汉语课本。每课后面有练习，练习包括词语连接，选择答案，思考讨论等形式。每册后面有练习答案和生词索引。

編寫說明

　　現在用于課堂語法教學的中文教材很多，但是缺少合適的不同層次的系列閱讀教材，波士頓劍橋出版社約我們編寫一套從初級到高級的閱讀教材，我們欣然應承了下來。

　　這套教材共五冊，涵蓋五個不同的階段。第一冊適用于一年級第二學期，按照美國外語教學委員會(ACTFL)的語言標準，大致屬于中低級水平；第二冊適用于二年級第一學期，屬于中中級水平；第三冊適用于二年級第二學期，屬于中高級水平；第四冊適用于三年級第一學期，屬于高低級水平；第五冊適用于三年級第二學期，屬于高中級水平。本冊《月亮總是美好的》是第三冊。

　　每一冊有十篇課文，每篇課文500字左右，有30個生詞。詞匯的選用參考了常用的同等水平的漢語課本。每課後面有練習，練習包括詞語連接，選擇答案，思考討論等形式。每冊後面有練習答案和生詞索引。

为了帮助学生阅读，书后面附有拼音课文；为了扩展学生的词汇量，课后面列有与课文内容相关的常用同类词语；为了照顾使用不同字体的学生，课文、生词、练习以及答案都采用繁简两种形式。为了让学生能够反复练习语法和词语，后面课文尽量重复前面课文的语法点和生词。

课本是学生学习的范本。虽然这是一套阅读教材，但我们编写时仍是如履薄冰，战战兢兢，丝毫不敢大意。我们力求做到每篇课文主题明确、内容生动；思路清晰、论述合理，而且特别注意用词规范、标点准确；语句通顺、行文流畅。其实这五十篇课文涵盖文化内容多、跨越难易幅度大，加之课文字数及生词量的限制，撰写起来并不容易。

现在美国的中学已经开始中文AP课程了，中文AP课程强调学生在学习中文的同时了解中国文化，我们在编写这套教材时就特别注重语言实践和文化体认相结合。

为了准确地表现中国传统文化和现代文化，我们在撰写课文时，凡是涉及到古文的都对照了原文，并且在课文后附录了原文，标明了出处；凡是阐述现代社会问题的都查阅了文献，核实了相关的信息，诸如年代、数字等等。

本教材编写宗旨是：通过一系列知识性和趣味性的课文，开阔学生学习中文的空间；激发学生学习中文的兴趣；提高学生阅读中文的水平；增强学生理解中国文化的能力。我们希望这套系列阅读教為了幫助學生閱讀，書后面附有拼音課文；為了擴展學生的詞匯量，課后面列有與課文內容相關的常用同類詞語；為了照顧使用不同字體的學生，課文、生詞、練習以及答案都采用繁簡兩種形式。為了讓學生能夠反復練習語法和詞語，后面課文盡量重復前面課文的語法點和生詞。

　　課本是學生學習的範本。雖然這是一套閱讀教材，但我們編寫時仍是如履薄冰，戰戰兢兢，絲毫不敢大意。我們力求做到每篇課文主題明確、內容生動；思路清晰、論述合理，而且特別注意用詞規範、標點準確；語句通順、行文流暢。其實這五十篇課文涵蓋文化內容多、跨越難易幅度大，加之課文字數及生詞量的限制，撰寫起來并不容易。

　　現在美國的中學已經開始中文AP課程了，中文AP課程強調學生在學習中文的同時了解中國文化，我們在編寫這套教材時就特別注重語言實踐和文化體認相結合。

　　為了準確地表現中國傳統文化和現代文化，我們在撰寫課文時，凡是涉及到古文的都對照了原文，并且在課文后附錄了原文，標明了出處；凡是闡述現代社會問題的都查閱了文獻，核實了相關的信息，諸如年代、數字等等。

　　本教材編寫宗旨是：通過一系列知識性和趣味性的課文，開闊學生學習中文的空間；激發學生學習中文的興趣；提高學生閱讀中文的水平；增強學生理解中國文化的能力。我們希望這套系列閱讀教材，对于参加中文AP课程的中学生和选修中文课的大学生以及自学中文的人都能有所帮助。

我们感谢波士顿剑桥出版社给我们这次机会编写这套教材，感谢Laurel Damashek小姐和Kristen Wanner女士为本书编辑做了大量的工作。我们还特别感谢西安财经大学刘健先生为本书绘制了一系列精美的插图。我们儿子黄兮在编写中也给了我们很多帮助。由于我们水平有限，错误之处还请老师和同学指正。

黄伟嘉 敖群 2007年11月于波士顿

材，對于參加中文AP課程的中學生和選修中文課的大學生以及自學中文的人都能有所幫助。

　　我們感謝波士頓劍橋出版社給我們這次機會編寫這套教材，感謝Laurel Damashek小姐和Kristen Wanner女士為本書編輯做了大量的工作。我們還特別感謝西安財經大學劉健先生為本書繪製了一系列精美的插圖。我們兒子黃兮在編寫中也給了我們很多幫助。由于我們水平有限，錯誤之處還請老師和同學指正。

　　　　　　黃偉嘉 敖群 2007年11月于波士頓

✦ 词类简称表 ✦
✦ 詞類簡稱表 ✦

Abbreviations of Parts of Speech

Part of Speech	English Definition	Simplified Characters	Traditional Characters	Pinyin
n.	noun	名词	名詞	míngcí
v.	verb	动词	動詞	dòngcí
aux.	auxiliary verb	助动词	助動詞	zhùdòngcí
vo.	verb-object	动宾词组	動賓詞組	dòngbīncízǔ
vc.	verb complement structure	动补结构	動補結構	dòngbǔjiégòu
adj.	adjective	形容词	形容詞	xíngróngcí
pn.	pronoun	代词	代詞	dàicí
m.	measure word	量词	量詞	liàngcí
num.	numeral	数词	數詞	shùcí
adv.	adverb	副词	副詞	fùcí
prep.	preposition	介词	介詞	jiècí
prep...o.	preposition-object	介词结构	介詞結構	jiècíjiégòu
conj.	conjunction	连词	連詞	liáncí

Part of Speech	English Definition	Simplified Characters	Traditional Characters	Pinyin
par.	particle	助词	助詞	zhùcí
int.	interjection	叹词	嘆詞	tàncí
id.	idioms	成语	成語	chéngyǔ
prn.	proper noun	专用名词	專用名詞	zhuànyòngmíngcí
ce.	common expression	常用语	常用語	chángyòngyǔ

一

◆ 月亮总是美好的 ◆
◆ 月亮總是美好的 ◆

The Moon Is Always Beautiful

中国人特别喜欢月亮，中国有许多关于月亮的传说，例如："嫦娥奔月"、"吴刚伐树"、"玉兔捣药"等等。

"吴刚伐树"是说吴刚学习的时候犯了错误，上帝罚他到月宫里砍伐桂花树。"玉兔捣药"是说玉兔为了帮助嫦娥回到人间，每天都在精心地制作能够回到人间的新药。

中国不但有关于月亮的传说，而且还有月亮的节日。月亮的节日有两个：一个是元月十五的元宵节；一个是八月十五的中秋节。

元月十五是新年的第一个圆月夜。这天晚上家家户户吃元宵、点灯笼，庆祝圆月的到来。为什么这天晚上要吃元宵，要点灯笼呢？因为圆圆的元宵和明亮的灯笼就像天上的月亮一样。后来，人们把这一天就叫做元宵节，也叫做灯笼节。

月亮每月的十五圆一回，一年要圆十二回。中国人觉得八月十五的月亮最圆、最亮、最好看。八月十五这天正好是秋天的中间，于是人们就把这一天叫做中秋节。

中國人特別喜歡月亮，中國有許多關於月亮的傳說，例如："嫦娥奔月"、"吳剛伐樹"、"玉兔搗藥"等等。

"吳剛伐樹"是說吳剛學習的時候犯了錯誤，上帝罰他到月宮裡砍伐桂花樹。"玉兔搗藥"是說玉兔為了幫助嫦娥回到人間，每天都在精心地制作能够回到人間的新藥。

中國不但有關於月亮的傳說，而且還有月亮的節日。月亮的節日有兩個：一個是元月十五的元宵節；一個是八月十五的中秋節。

元月十五是新年的第一個圓月夜。這天晚上家家戶戶吃元宵、點燈籠，慶祝圓月的到來。為什麼這天晚上要吃元宵，要點燈籠呢？因為圓圓的元宵和明亮的燈籠就像天上的月亮一樣。后來，人們把這一天就叫做元宵節，也叫做燈籠節。

月亮每月的十五圓一回，一年要圓十二回。中國人覺得八月十五的月亮最圓、最亮、最好看。八月十五這天正好是秋天的中間，於是人們就把這一天叫做中秋節。

过中秋节的时候人们吃月饼，圆圆的月饼象征着家人团团圆圆。因为中秋节是家人团圆的节日，所以中秋节也叫团圆节。这一天在外地学习和工作的人，不管离家多远都要回来和家人团聚。

　　中国人喜欢月亮，因为月亮永远是美好的。人们高兴的时候，望着月亮吟诗、唱歌；人们伤心的时候，对着月亮述说心中的烦恼；人们睡不着觉的时候，静静地看着月亮，回想着童年的往事，思念着远方的亲友。

　　其实，无论是圆圆的圆月，还是弯弯的月牙，她都会给人们带来一份快乐，一种寄托和一片思念。

過中秋節的時候人們吃月餅，圓圓的月餅象征着家人團團圓圓。因為中秋節是家人團圓的節日，所以中秋節也叫團圓節。這一天在外地學習和工作的人，不管離家多遠都要回來和家人團聚。

中國人喜歡月亮，因為月亮永遠是美好的。人們高興的時候，望着月亮吟詩、唱歌；人們傷心的時候，對着月亮述説心中的煩惱；人們睡不着覺的時候，静静地看着月亮，回想着童年的往事，思念着遠方的親友。

其實，無論是圓圓的圓月，還是彎彎的月牙，她都會給人們帶來一份快樂，一種寄托和一片思念。

✦ 生词 ✦

✦ 生词 ✦

New Vocabulary

Simplified Characters	Traditional Characters	Pinyin	Part of Speech	English Definition
1. 节日	節日	jiérì	*n.*	festival; holiday ✓
2. 关于	關於	guānyú	*prep.*	about; on
3. 传说	傳說	chuánshuō	*n.*	legend
④ 吴刚	吳剛	Wúgāng	*prn.*	person's name
5. 伐树	伐樹	fáshù	*vo.*	cut down trees
⑥ 玉兔	玉兔	yùtù	*prn.*	the Jade Hare
7. 捣药	搗藥	dǎoyào	*vo.*	grind medicine
8. 罚	罰	fá	*v.*	punish
9. 砍伐	砍伐	kǎnfá	*v.*	fell trees; cut lumber
10. 精心	精心	jīngxīn	*adj.*	meticulous; elaborate
11. 制作	制作	zhìzuò	*v.*	make
12. 家家户户	家家戶戶	jiājiāhùhù	*n.*	every household
13. 元宵	元宵	yuánxiāo	*n.*	sweet dumplings made of glutinous rice flour (for the Lantern Festival)

	Simplified Characters	Traditional Characters	Pinyin	Part of Speech	English Definition
14.	点	點	diǎn	*v.*	light up
15.	灯笼	燈籠	dēnglong	*n.*	lantern
16.	月饼	月餅	yuèbǐng	*n.*	moon cake (for the Mid-Autumn Festival)
17.	团圆	團圓	tuányuán	*v.*	reunion
18.	外地	外地	wàidì	*n.*	parts of the country other than where one is
19.	团聚	團聚	tuánjù	*v.*	reunite
20.	吟诗	吟詩	yínshī	*vo.*	recite poetry
21.	伤心	傷心	shāngxīn	*adj.*	sad, broken-hearted
22.	述说	述説	shùshuō	*v.*	recount, narrate
23.	烦恼	煩惱	fánnǎo	*adj.*	annoyed
24.	童年	童年	tóngnián	*n.*	childhood
25.	往事	往事	wǎngshì	*n.*	past events; the past
26.	思念	思念	sīniàn	*v.*	think of; long for; miss
27.	无论	無論	wúlùn	*conj.*	no matter what
28.	弯	彎	wān	*adj.*	curved
29.	月牙	月牙	yuèyá	*n.*	crescent moon
30.	寄托	寄托	jìtuō	*v.*	place (hope, etc.) on

传统节日
傳統節日
Traditional Holidays

	Simplified Characters	Traditional Characters	Pinyin	Part of Speech	English Definition
1.	春节	春節	chūnjié	prn.	the Spring Festival (the first day of the first month of the Chinese lunar calendar)
2.	元宵节	元宵節	yuánxiāojié	prn.	the Lantern Festival (the fifteenth day of the first lunar month)
3.	清明节	清明節	qīngmíngjié	prn.	the Pure Brightness Festival, also known as the Tomb-Sweeping Festival (on April 4, 5, or 6 solar term)
4.	端午节	端午節	duānwǔjié	prn.	the Dragon Boat Festival (the fifth day of the fifth lunar month)

Simplified Characters	Traditional Characters	Pinyin	Part of Speech	English Definition
5. 中秋节	中秋節	zhōngqiūjié	*prn.*	the Mid-Autumn Festival (the fifteenth day of the eighth lunar month)
6. 重阳节	重陽節	chóngyángjié	*prn.*	Double Ninth Festival (the ninth day of the ninth lunar month)

现代节日
现代節日
Modern Holidays

Simplified Characters	Traditional Characters	Pinyin	Part of Speech	English Definition
1. 元旦	元旦	yuándàn	*prn.*	New Year's Day
2. 妇女节	婦女節	fùnǚjié	*prn.*	International Women's Day (March 8th)
3. 劳动节	勞動節	láodòngjié	*prn.*	International Labor Day (May 1)
4. 儿童节	兒童節	értóngjié	*prn.*	International Children's Day (June 1)
5. 建军节	建軍節	jiànjūnjié	*prn.*	Army Day (PRC) (August 1)
6. 国庆节	國慶節	guóqìngjié	*prn.*	National Day (PRC) (October 1)

《吴刚伐树》

故事出处：唐·段成式《酉阳杂俎·天咫》

原文：旧言月中有桂，有蟾蜍。故异书言，月桂高五百丈，下有一人，常斫之，树创随合。人姓吴名刚，西河人，学仙有过，谪令伐树。

《玉兔捣药》

故事出处：晋·傅玄《拟天问》

原文：月中何有？白兔捣药，兴福降祉。

一、连接意思相关的词语
Link the related words

....

1. 回想   团聚

2. 思念   团圆

3. 述说   快乐

4. 带来   往事

5. 象征   亲友

6. 家人   烦恼

<table>
<tr><td></td></tr>
</table>

練習

Exercises

一、 連接意思相關的詞語
Link the related words

....

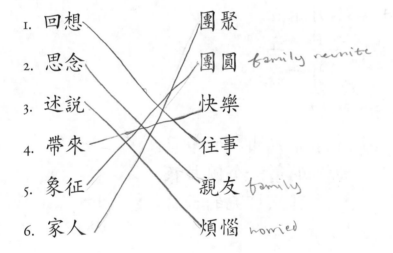

1. 回想　　　　　團聚
2. 思念　　　　　團圓　*family reunite*
3. 述説　　　　　快樂
4. 帶來　　　　　往事
5. 象征　　　　　親友　*family*
6. 家人　　　　　煩惱　*worried*

二、选择合适的短语完成句子
Choose the most appropriate phrase to complete the sentence

1. 中国人喜欢月亮，因为
   a. 中国有许多月亮的传说。
   b. 中国有两个月亮的节日。
   c. 人们认为月亮是美好的。

2. 元宵节是
   a. 八月十五。
   b. 元月十五。
   c. 每月十五。

3. 中秋节是
   a. 家家户户团聚的节日。
   b. 新年的第一个圆月夜。
   c. 吃元宵点灯笼的节日。

4. 月亮给人带来
   a. 爱情，团聚和幸福。
   b. 伤心，烦恼和痛苦。
   c. 快乐，寄托和思念。

二、選擇合適的短語完成句子

Choose the most appropriate phrase to complete the sentence

C 1. 中國人喜歡月亮，因為
   a. 中國有許多月亮的傳説。
   b. 中國有兩個月亮的節日。
   c. 人們認為月亮是美好的。

B 2. 元宵節是
   a. 八月十五。
   b. 元月十五。
   c. 每月十五。

A 3. 中秋節是
   a. 家家戶戶團聚的節日。
   b. 新年的第一個圓月夜。
   c. 吃元宵點燈籠的節日。

C 4. 月亮給人帶來
   a. 愛情，團聚和幸福。
   b. 傷心，煩惱和痛苦。
   c. 快樂，寄托和思念。

三、找出正确的答案

Choose the correct answer

1. 玉兔为什么制作新药?
    a. 因为嫦娥生病了。
    b. 因为玉兔生病了。
    c. 因为嫦娥想回家。

2. 中国人怎么庆祝第一个圆月夜?
    a. 家家户户吃元宵,点灯笼。
    b. 全家人吃月饼,喝桂花酒。
    c. 对着月亮述说心中的烦恼。

3. 在外地学习和工作的人什么时候要回家和家人团聚?
    a. 每个月的圆月夜。
    b. 元月十五元宵节。
    c. 八月十五中秋节。

4. 人们什么时候对着月亮述说心中的烦恼?
    a. 高兴的时候。
    b. 伤心的时候。
    c. 睡觉的时候。

三、找出正確的答案
Choose the correct answer

C. 1. 玉兔為什麼制作新藥？
    a. 因為嫦娥生病了。
    b. 因為玉兔生病了。
    c. 因為嫦娥想回家。

A. 2. 中國人怎麼慶祝第一個圓月夜？
    a. 家家戶戶吃元宵，點燈籠。
    b. 全家人吃月餅，喝桂花酒。
    c. 對着月亮述説心中的煩惱。

C. 3. 在外地學習和工作的人什麼時候要回家和家人團聚？
    a. 每個月的圓月夜。
    b. 元月十五元宵節。
    c. 八月十五中秋節。

B. 4. 人們什么時候對着月亮述説心中的煩惱？
    a. 高興的時候。
    b. 傷心的時候。
    c. 睡覺的時候。

四、思考问题，说说你的看法
Think about the questions and talk about your perspective

....

1. 月亮总是美好的吗？为什么？

2. 月亮在你们国家的文化中有什么特殊的含义？

3. 说一说你看月亮时的感觉。

四、思考問題，說說你的看法
Think about the questions and talk about your perspective

1. 月亮總是美好的嗎？為什麼？

2. 月亮在你們國家的文化中有什麼特殊的含義？

3. 說一說你看月亮時的感覺。

二

◆ 环境的影响 ◆
◆ 環境的影響 ◆

Environmental Influences

环境的好坏对小孩子成长有很大的影响。做父母的都希望自己的孩子生活在一个好的环境里，希望孩子长大以后成为一个有出息、有成就的人。现在的人是这样，古人也是这样。

古代有一个人叫孟子，孟子很有学问，他和孔子一样有名，人们把孔子叫做圣人，把孟子叫做亚圣。

其实，孟子小时候和普通的孩子一样，没有什么特别的，只是孟子的妈妈很会教育孩子，她认为环境对孩子的影响很重要。

孟子小的时候，他们家住在一个墓地的旁边。因为孟子和小朋友们，每天看到的都是人们在墓地里哭哭啼啼地埋葬死人的事情，所以他们玩的也都是那些哭哭啼啼地埋葬死人的游戏。孟子的妈妈觉得这种环境对孩子影响不好，于是把家就搬到了一个离墓地很远很远的地方。

新家虽然离墓地远了，可是附近又有一个市场。过了不久，孟子的妈妈发现孟子和環境的好壞對小孩子成長有很大的影響。做父母的都希望自己的孩子生活在一個好的環境裡,希望孩子長大以後成為一個有出息、有成就的人。現在的人是這樣,古人也是這樣。

古代有一個人叫孟子,孟子很有學問,他和孔子一樣有名,人們把孔子叫做聖人,把孟子叫做亞聖。

其實,孟子小時候和普通的孩子一樣,沒有什麼特別的,只是孟子的媽媽很會教育孩子,她認為環境對孩子的影響很重要。

孟子小的時候,他們家住在一個墓地的旁邊。因為孟子和小朋友們,每天看到的都是人們在墓地裡哭哭啼啼地埋葬死人的事情,所以他們玩的也都是那些哭哭啼啼地埋葬死人的游戲。孟子的媽媽覺得這種環境對孩子影響不好,於是把家就搬到了一個離墓地很遠很遠的地方。

新家雖然離墓地遠了,可是附近又有一個市場。過了不久,孟子的媽媽發現孟子和小朋友们玩的都是从市场上学来的那些叫卖啊、吹嘘啊、讨价还价的游戏。孟子妈妈觉得这种环境对孩子的影响也不好，于是她又搬家了。

这一次他们把家搬到一个学校的附近。时间不长，孟子和小朋友们就玩起了读书和学习的游戏。

由于孟子喜欢模仿学校里老师和学生说话、走路的样子，渐渐地他的言谈举止也变得有礼貌起来了。孟子妈妈觉得这种环境对孩子的影响很好，于是就一直住了下去。

人们把这个故事叫做"孟母三迁"，人们说孟子之所以成为一个很有名的人，跟他小时候生活在一个好的环境有很大的关系。

小朋友們玩的都是從市場上學來的那些叫賣啊、吹噓啊、討價還價的游戲。孟子媽媽覺得這種環境對孩子的影響也不好，於是她又搬家了。

這一次他們把家搬到一個學校的附近。時間不長，孟子和小朋友們就玩起了讀書和學習的游戲。

由於孟子喜歡模仿學校裡老師和學生說話、走路的樣子，漸漸地他的言談舉止也變得有禮貌起來了。孟子媽媽覺得這種環境對孩子的影響很好，於是就一直住了下去。

人們把這個故事叫做"孟母三遷"，人們說孟子之所以成為一個很有名的人，跟他小時候生活在一個好的環境有很大的關系。

	Simplified Characters	Traditional Characters	Pinyin	Part of Speech	English Definition
1.	环境	環境	huánjìng	n.	environment; surroundings
2.	影响	影響	yǐngxiǎng	v.	influence
3.	成长	成長	chéngzhǎng	v.	grow up; grow to maturity
4.	生活	生活	shēnghuó	v.	live
5.	成为	成為	chéngwéi	v.	become; turn into
6.	有出息	有出息	yǒuchūxi	vo.	successful
7.	成就	成就	chéngjiù	n.	achievement; success
8.	孟子	孟子	Mèngzǐ	prn.	Mencius
9.	亚	亞	yà	adj.	inferior; second
10.	普通	普通	pǔtōng	adj.	ordinary
11.	重要	重要	zhòngyào	adj.	important
12.	墓地	墓地	mùdì	n.	graveyard

父母 fù mǔ　parents
dad & mom

	Simplified Characters	Traditional Characters	Pinyin	Part of Speech	English Definition
13.	哭哭啼啼	哭哭啼啼	kūkutítí	v.	endlessly weep and wail
14.	埋葬	埋葬	máizàng	v.	bury
15.	死人	死人	sǐrén	n.	the dead
16.	游戏	游戲	yóuxì	n.	game
17.	搬	搬	bān	v.	move
18.	附近	附近	fùjìn	n.	nearby; close to
19.	市场	市場	shìchǎng	n.	marketplace; market
20.	不久	不久	bùjiǔ	adj.	soon; not long after
21.	叫卖	叫賣	jiàomài	v.	cry one's wares; peddle
22.	吹嘘	吹噓	chuīxū	v.	brag
23.	讨价还价	討價還價	tǎojià huánjià	id.	bargain
24.	模仿	摹仿	mófǎng	v.	imitate; copy; model oneself on
25.	样子	樣子	yàngzi	n.	appearance; manner
26.	言谈	言談	yántán	n.	speech
27.	举止	舉止	jǔzhǐ	n.	deportment
28.	迁	遷	qiān	v.	move; change
29.	之所以	之所以	zhīsuǒyǐ	conj.	as a result
30.	关系	關係	guānxi	n.	relation; relationship

┌───┐
│   │
│   ✦ 常用的有关教育的词语 ✦   │
│   ✦ 常用的有關教育的詞語 ✦   │
│   │
│   Commonly Used Related Words and Phrases   │
│   │
└───┘

	Simplified Characters	Traditional Characters	Pinyin	Part of Speech	English Definition
1.	小学	小學	xiǎoxué	*n.*	primary or elementary school
2.	中学	中學	zhōngxué	*n.*	high school; middle school
3.	初中	初中	chūzhōng	*n.*	junior high school
4.	高中	高中	gāozhōng	*n.*	senior high school
5.	大学	大學	dàxué	*n.*	university; college
6.	研究所	研究所	yánjiūsuǒ	*n.*	graduate school
7.	学位	學位	xuéwèi	*n.*	academic degree
8.	学士	學士	xuéshì	*n.*	bachelor's degree
9.	硕士	碩士	shuòshì	*n.*	master's degree
10.	博士	博士	bóshì	*n.*	doctoral degree; Ph.D.
11.	毕业	畢業	bìyè	*v.*	graduate; finish school
12.	肄业	肄業	yìyè	*v.*	study in school or at college

	Simplified Characters	Traditional Characters	Pinyin	Part of Speech	English Definition
13.	停学	停學	tíngxué	v.	stop going to school
14.	辍学	輟學	chuòxué	v.	discontinue one's studies
15.	休学	休學	xiūxué	v.	suspend one's schooling; take a leave of absence
16.	退学	退學	tuìxué	v.	leave school; withdraw from school
17.	转学	轉學	zhuǎnxué	v.	(of student) transfer to another school

出处

Source

故事出处：汉·赵歧《孟子题词》

原文：孟子生有淑质，幼被慈母三迁之教。

一、连接意思相关的词语

Link the related words

1. 言谈举止　　　　墓地

2. 环境影响　　　　市场

3. 哭哭啼啼　　　　生活

4. 讨价还价　　　　学校

5. 吹嘘叫卖　　　　礼貌

6. 读书学习　　　　东西

一、連接意思相關的詞語
Link the related words

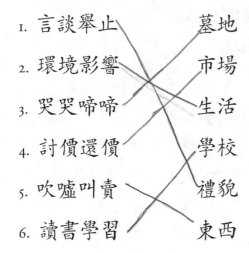

1. 言談舉止　　墓地
2. 環境影響　　市場
3. 哭哭啼啼　　生活
4. 討價還價　　學校
5. 吹噓叫賣　　禮貌
6. 讀書學習　　東西

二、选择合适的短语完成句子
Choose the most appropriate phrase to complete the sentence

1. 父母都希望自己的孩子
   a. 成为普通的人。
   b. 成为有出息人。
   c. 成为特别的人。

2. 孟子的母亲是一个
   a. 喜欢常常搬家的人。
   b. 喜欢让孩子玩的人。
   c. 很会教育孩子的人。

3. 住在墓地旁边的孟子喜欢
   a. 玩埋葬死人的游戏。
   b. 玩讨价还价的游戏。
   c. 玩读书学习的游戏。

4. 孟子小时候是个
   a. 很特别的孩子。
   b. 很普通的孩子。
   c. 很聪明的孩子。

二、選擇合適的短語完成句子

Choose the most appropriate phrase to complete the sentence

B. 1. 父母都希望自己的孩子
    a. 成為普通的人。 pu tong ordinary
    b. 成為有出息人。 successful
    c. 成為特別的人。 special

C. 2. 孟子的母親是一個
    a. 喜歡常常搬家的人。
    b. 喜歡讓孩子玩的人。
    c. 很會教育孩子的人。

A. 3. 住在墓地旁邊的孟子喜歡
    a. 玩埋葬死人的游戲。
    b. 玩討價還價的游戲。
    c. 玩讀書學習的游戲。

B. 4. 孟子小時候是個
    a. 很特別的孩子。
    b. 很普通的孩子。
    c. 很聰明的孩子。

三、找出正确答案

Choose the correct answer

....

1. 孟子是一个什么样的人？
   a. 是一个普通的人。
   b. 是一个有名的人。
   c. 是一个爱玩的人。

2. 孟子的妈妈为什么要搬家？
   a. 因为孟子妈妈看到孟子喜欢玩游戏。
   b. 因为孟子妈妈认为环境会影响孩子。
   c. 因为孟子妈妈让孟子学不同的东西。

3. 孟子成为一个有名的人，是因为
   a. 他小时候住在墓地旁边。
   b. 他小时候住在市场旁边。
   c. 他小时候住在学校旁边。

4. "孟母三迁"讲的是什么故事？
   a. 孟子的母亲为了让孟子学会不同的
      游戏搬了三次家。
   b. 孟子的母亲为了让孟子看到不同的
      事情搬了三次家。
   c. 孟子的母亲为了让孟子受好环境的
      影响搬了三次家。

三、找出正確的答案
Choose the correct answer

....

B. 1. 孟子是一個什麼樣的人？
   - a. 是一個普通的人。
   - (b.) 是一個有名的人。
   - c. 是一個愛玩的人。

B. 2. 孟子的媽媽為什麼要搬家？
   - a. 因為孟子媽媽看到孟子喜歡玩游戲。
   - (b.) 因為孟子媽媽認為環境會影響孩子。
   - c. 因為孟子媽媽讓孟子學不同的東西。

C. 3. 孟子成為一個有名的人，是因為
   - a. 他小時候住在墓地旁邊。
   - b. 他小時候住在市場旁邊。
   - (c.) 他小時候住在學校旁邊。

C. 4. "孟母三遷"講的是什麼故事？
   - a. 孟子的母親為了讓孟子學會不同的游戲搬了三次家。
   - b. 孟子的母親為了讓孟子看到不同的事情搬了三次家。
   - (c.) 孟子的母親為了讓孟子受好環境的影響搬了三次家。

四、思考问题，说说你的看法
Think about the questions and talk about your perspective

1. 生活在不好的环境里一定会受到不好的影响吗？为什么？

2. 孟子的母亲常常搬家是不是一个好办法？为什么？

3. 你的生活环境对你有什么影响？

四、思考問題，説説你的看法
Think about the questions and talk about your perspective

1. 生活在不好的環境裡一定會受到不好的影響嗎？為什麼？

2. 孟子的母親常常搬家是不是一個好辦法？為什麼？

3. 你的生活環境對你有什麼影響？

三

◆ 东西和东西 ◆
◆ 東西和東西 ◆

East, West, and Things

什么是东西 (dōngxi)？东西就是东边和西边。比如说：太阳升起的地方是东边；太阳落下去的地方是西边。中国、日本、韩国在地球的东边，美国、英国、法国在地球的西边。

什么是东西 (dōngxi)？东西就是各种各样的事物。比如说：面包、苹果、香蕉是吃的东西；牛奶、果汁、可乐是喝的东西；大衣、裤子、球鞋是穿的东西；书包、铅笔、计算机是用的东西；飞盘、足球、吉他是玩的东西。

东西和东西字体一样，拼音一样，可是意思不一样。意思不一样的字为什么要写成一样的呢？为什么把买东西的东西写成东西南北的东西呢？古书上说它来源于一个有趣的传说。

宋朝的时候，有一天，有个人提着竹篮子到市场上去买货物。在路上他碰见一位朋友，朋友问他："你提篮子去做什么啊？"他说："我去买东西。"朋友觉得很

什麼是東西 (dōngxī)？東西就是東邊和西邊。比如說：太陽昇起的地方是東邊；太陽落下去的地方是西邊。中國、日本、韓國在地球的東邊，美國、英國、法國在地球的西邊。

什麼是東西 (dōngxi)？東西就是各種各樣的事物。比如說：面包、蘋果、香蕉是吃的東西；牛奶、果汁、可樂是喝的東西；大衣、褲子、球鞋是穿的東西；書包、鉛筆、計算機是用的東西；飛盤、足球、吉他是玩的東西。

東西和東西字體一樣，拼音一樣，可是意思不一樣。意思不一樣的字為什麼要寫成一樣的呢？為什麼把買東西的東西寫成東西南北的東西呢？古書上說它來源於一個有趣的傳說。

宋朝的時候，有一天，有個人提着竹籃子到市場上去買貨物。在路上他碰見一位朋友，朋友問他：“你提籃子去做什麼啊？”他說：“我去買東西。”朋友覺得很奇怪，就问他说："你去买东西？你为什么不说去买南北呢？"

他回答说："中国古代有一种学说叫做'五行'。五行上说，宇宙间所有的东西都是从'金、木、火、水、土'这五种最基本的物质中产生出来的。古人又用东、西、南、北、中这五个方位来代表金、木、火、水、土这五种物质。"

他接着说："你看，我的篮子是用竹子做的，竹篮子里面不能装火和水，只能装金和木，所以我不能说去买代表火和水的南北，只能说去买代表金和木的东西。"

后来人们为了区别两个"东西"所代表的不同的意思，就把表示东西南北的"西"念第一声；把表示物品东西的"西"念轻声。

奇怪，就問他説："你去買東西？你為什麼不説去買南北呢？"

他回答説："中國古代有一種學説叫做'五行'。五行上説，宇宙間所有的東西都是從'金、木、火、水、土'這五種最基本的物質中產生出來的。古人又用東、西、南、北、中這五個方位來代表金、木、火、水、土這五種物質。"

他接着説："你看，我的籃子是用竹子做的，竹籃子裡面不能裝火和水，只能裝金和木，所以我不能説去買代表火和水的南北，只能説去買代表金和木的東西。"

后來人們為了區別兩個"東西"所代表的不同的意思，就把表示東西南北的"西"念第一聲；把表示物品東西的"西"念輕聲。

New Vocabulary

	Simplified Characters	Traditional Characters	Pinyin	Part of Speech	English Definition
1.	落	落	luò	*v.*	fall (here referring to the sunset)
2.	日本	日本	Rìběn	*prn.*	Japan
3.	韩国	韓國	Hánguó	*prn.*	Korea
4.	地球	地球	dìqiú	*n.*	earth
5.	各种各样	各種各樣	gèzhǒnggèyàng	*id.*	varieties
6.	事物	事物	shìwù	*n.*	thing; object
7.	球鞋	球鞋	qiúxié	*n.*	gym shoes; sneakers
8.	计算机	計算機	jìsuànjī	*n.*	computer; calculator
9.	飞盘	飛盤	fēipán	*n.*	flying disc, Frisbee
10.	足球	足球	zúqiú	*n.*	soccer
11.	吉他	吉他	jítā	*n.*	guitar
12.	来源	來源	láiyuán	*v.*	originate

	Simplified Characters	Traditional Characters	Pinyin	Part of Speech	English Definition
13.	有趣	有趣	yǒuqù	*adj.*	interesting
14.	宋朝	宋朝	Sòngcháo	*prn.*	Song dynasty
15.	提	提	tí	*v.*	carry
16.	竹	竹	zhú	*n.*	bamboo
17.	篮子	籃子	lánzi	*n.*	basket
18.	货物	貨物	huòwù	*n.*	goods; merchandise
19.	学说	學說	xuéshuō	*n.*	theory
20.	五行	五行	wǔxíng	*n.*	the five elements (metal, wood, water, fire, and earth)
21.	宇宙	宇宙	yǔzhòu	*n.*	universe; cosmos
22.	金	金	jīn	*n.*	metal
23.	基本	基本	jīběn	*n.*	basic
24.	物质	物質	wùzhì	*n.*	material; substance
25.	产生	產生	chǎnshēng	*v.*	bring
26.	方位	方位	fāngwèi	*n.*	direction
27.	接着	接着	jiēzhe	*v.*	continue
28.	装	裝	zhuāng	*v.*	fill
29.	区别	區別	qūbié	*v.*	distinguish
30.	轻声	輕聲	qīngshēng	*n.*	(in Chinese pronunciation) unstressed syllable pronounced without its original tone

✦ 常用的有关物质的词语 ✦
◆ 常用的有關物質的詞語 ◆

Commonly Used Related Words and Phrases

	Simplified Characters	Traditional Characters	Pinyin	Part of Speech	English Definition
1.	银	銀	yín	n.	silver
2.	铁	鐵	tiě	n.	iron
3.	铜	銅	tóng	n.	copper
4.	铝	鋁	lǚ	n.	aluminum
5.	锡	錫	xī	n.	tin
6.	铅	鉛	qiān	n.	lead
7.	氧气	氧氣	yǎngqì	n.	oxygen
8.	氢气	氫氣	qīngqì	n.	hydrogen
9.	钢	鋼	gāng	n.	steel
10.	炭	炭	tàn	n.	charcoal
11.	塑料	塑料	sùliào	n.	plastics
12.	橡胶	橡膠	xiàngjiāo	n.	rubber
13.	石油	石油	shíyóu	n.	petroleum
14.	汽油	汽油	qìyóu	n.	gasoline

	Simplified Characters	Traditional Characters	Pinyin	Part of Speech	English Definition
15.	柴油	柴油	cháiyóu	*n.*	diesel oil
16.	煤	煤	méi	*n.*	coal
17.	煤气	煤氣	méiqì	*n.*	coal gas
18.	天然气	天然氣	tiānránqì	*n.*	natural gas

练习

Exercises

一、连接意思相关的词语
Link the related words

1. 东边   卖出

2. 提问   落下

3. 南边   西边

4. 升起   回答

5. 不同   北边

6. 买进   一样

練習

Exercises

一、連接意思相關的詞語
Link the related words

....

1. 東邊　　　　　賣出

2. 提問　　　　　落下

3. 南邊　　　　　西邊

4. 昇起　　　　　回答

5. 不同　　　　　北邊

6. 買進　　　　　一樣

二、选择合适的短语完成句子

Choose the most appropriate phrase to complete the sentence

1. 东西 (dōngxi) 指的是
   a. 大衣水果和球鞋。
   b. 各种各样的事物。
   c. 牛奶面包和果汁。

2. 中国古代的"五行"是指
   a. 金木火水土五种物质。
   b. 东西南北中五个方位。
   c. 五种物质和五个方位。

3. 东西 (dōngxī) 和东西 (dōngxi)
   a. 字体一样，拼音不一样，意思一样。
   b. 字体一样，拼音一样，意思不一样。
   c. 字体一样，拼音一样，意思也一样。

4. 篮子是竹子做的，所以
   a. 不能装金和木。
   b. 不能装东和西。
   c. 不能装火和水。

二、選擇合適的短語完成句子

Choose the most appropriate phrase to complete the sentence

1. 東西 (dōngxi) 指的是
   a. 大衣水果和球鞋。
   b. 各種各樣的事物。
   c. 牛奶面包和果汁。

2. 中國古代的 " 五行 " 是指
   a. 金木火水土五種物質。
   b. 東西南北中五個方位。
   c. 五種物質和五個方位。

3. 東西 (dōngxī) 和東西 (dōngxi)
   a. 字體一樣，拼音不一樣，意思一樣。
   b. 字體一樣，拼音一樣，意思不一樣。
   c. 字體一樣，拼音一樣，意思也一樣。

4. 籃子是竹子做的，所以
   a. 不能裝金和木。
   b. 不能裝東和西。
   c. 不能裝火和水。

三、找出正确的答案
Choose the correct answer

....

1. 为什么东西有两种读音?
   a. 区别两个不同的意思。
   b. 因为一个有趣的传说。
   c. 不同的地方发音不同。

2. 书包和计算机是什么东西?
   a. 是学生常常玩的东西。
   b. 是学生常常用的东西。
   c. 是学生常常看的东西。

3. 竹篮子为什么不能装南北?
   a. 因为南北代表五行。
   b. 因为南北代表金木。
   c. 因为南北代表水火。

4. 表示事物的东西的西念第几声?
   a. 念一声。
   b. 念轻声。
   c. 念一声或者轻声。

三、找出正確的答案
Choose the correct answer

....

1. 為什麼東西有兩種讀音？
   a. 區別兩個不同的意思。
   b. 因為一個有趣的傳說。
   c. 不同的地方發音不同。

2. 書包和計算機是什麼東西？
   a. 是學生常常玩的東西。
   b. 是學生常常用的東西。
   c. 是學生常常看的東西。

3. 竹籃子為什麼不能裝南北？
   a. 因為南北代表五行。
   b. 因為南北代表金木。
   c. 因為南北代表水火。

4. 表示事物的東西的西念第幾聲？
   a. 念一聲。
   b. 念輕聲。
   c. 念一聲或者輕聲。

四、思考问题，说说你的看法

Think about the questions and talk about your perspective

1. 为什么中国人把买东西的东西写成东南西北的东西？

2. 中国古代的"五行"说的是什么？你觉得有没有道理？

3. 你们国家有没有这样有趣的故事？

四、思考問題，說說你的看法
Think about the questions and talk about your perspective

1. 為什麼中國人把買東西的東西寫成東南西北的東西？

2. 中國古代的"五行"說的是什麼？你覺得有沒有道理？

3. 你們國家有沒有這樣有趣的故事？

四

◆ 古人很愚蠢吗? ◆
◆ 古人很愚蠢嗎? ◆

Were Ancient People Stupid?

中国古代有很多寓言，寓言里讲的大都是聪明人做聪明事的故事，但是也有些寓言讲的是愚蠢人做愚蠢事的故事。下面的"杞人忧天"、"画蛇添足"、"南辕北辙"就是愚蠢人做愚蠢事情的故事。

"杞人忧天"是说杞国有个人担心天会塌下来。他担心天塌下来后自己无处可去，于是他天天望着天空，吃不下饭，睡不着觉。后来他朋友劝他说，天是由气体组成的，气体是不会塌下来的。他听了朋友的话以后，才放下心来。

"画蛇添足"是说有几个人比赛画蛇，先画完的人可以得到一壶酒。一个人画好了蛇，拿起酒正要喝的时候，看到其他人还没有画好，这时候他觉得自己很能干，于是又要给蛇添上四只脚。他正在画蛇脚的时候，另外一个人画完了。那个人对他说，你输了，蛇是没有脚的，说着就把他手里的酒拿走了。

中國古代有很多寓言，寓言裡講的大都是聰明人做聰明事的故事，但是也有些寓言講的是愚蠢人做愚蠢事的故事。下面的"杞人憂天"、"畫蛇添足"、"南轅北轍"就是愚蠢人做愚蠢事情的故事。

"杞人憂天"是說杞國有個人擔心天會塌下來。他擔心天塌下來後自己無處可去，於是他天天望着天空，吃不下飯，睡不着覺。后來他朋友勸他說，天是由氣體組成的，氣體是不會塌下來的。他聽了朋友的話以后，才放下心來。

"畫蛇添足"是說有幾個人比賽畫蛇，先畫完的人可以得到一壺酒。一個人畫好了蛇，拿起酒正要喝的時候，看到其他人還沒有畫好，這時候他覺得自己很能幹，於是又要給蛇添上四只腳。他正在畫蛇腳的時候，另外一個人畫完了。那個人對他說，你輸了，蛇是沒有腳的，說着就把他手裡的酒拿走了。

"南辕北辙"是说一个人要去南方，可是他朝北走。他的朋友告诉他说："你的方向错了。"他回答说："我的马跑得快，我的路费多，我的马夫好。"朋友对他说："你的方向错了，你的马跑得越快，你的路费越多，你的马夫越好，最后离你要去的地方越远。"

　　寓言都是一些具有教育意义的小故事，每一个寓言都告诉人们一个道理。那么上面这三个寓言要告诉我们什么呢？是不是说古人很愚蠢呢？

　　当然不是啦。这三个寓言是从反面教育大家，不要像寓言里的人那样做愚蠢的事情。"杞人忧天"告诉我们不要为不必要的事情担心；"画蛇添足"告诉我们不要做不必要的事情；"南辕北辙"告诉我们做事情的时候一定要看清楚方向，看清楚自己的目的地。

"南轅北轍"是說一個人要去南方，可是他朝北走。他的朋友告訴他說："你的方向錯了。"他回答說："我的馬跑得快，我的路費多，我的馬夫好。"朋友對他說："你的方向錯了，你的馬跑得越快，你的路費越多，你的馬夫越好，最后離你要去的地方越遠。"

　　寓言都是一些具有教育意義的小故事，每一個寓言都告訴人們一個道理。那麼上面這三個寓言要告訴我們什麼呢？是不是說古人很愚蠢呢？

　　當然不是啦。這三個寓言是從反面教育大家，不要像寓言裡的人那樣做愚蠢的事情。"杞人憂天"告訴我們不要為不必要的事情擔心；"畫蛇添足"告訴我們不要做不必要的事情；"南轅北轍"告訴我們做事情的時候一定要看清楚方向，看清楚自己的目的地。

Simplified Characters	Traditional Characters	Pinyin	Part of Speech	English Definition
1. 愚蠢	愚蠢	yúchǔn	adj.	stupid; foolish
2. 寓言	寓言	yùyán	n.	fable; allegory
3. 忧	憂	yōu	v.	worry; anxiety
4. 杞人忧天	杞人憂天	Qǐrényōutiān	id.	the man of Qi who was haunted by the fear that the sky might fall: entertain imaginary or groundless fears
5. 足	足	zú		foot; leg
6. 画蛇添足	畫蛇添足	huàshétiānzú	id.	draw a snake and add feet to it: ruin the effect by adding something superfluous
7. 辕	轅	yuán	n.	shafts of a cart or carriage
8. 辙	轍	zhé	n.	the track of a wheel

	Simplified Characters	Traditional Characters	Pinyin	Part of Speech	English Definition
9.	南辕北辙	南轅北轍	nányuánběizhé	*id.*	try to go south by driving the chariot north: act in a way that defeats one's purpose
10.	杞国	杞國	Qǐguó	*prn.*	an ancient feudal state
11.	担心	擔心	dānxīn	*v.*	worry oneself about; be anxious about
12.	塌	塌	tā	*v.*	collapse; fall down
13.	无处可去	無處可去	wúchùkěqù	*ce.*	nowhere to go
14.	劝	勸	quàn	*v.*	advise; urge; try to persuade
15.	由	由	yóu	*prep.*	by; from
16.	气体	氣體	qìtǐ	*n.*	gas
17.	组成	組成	zǔchéng	*v.*	form; make up; compose
18.	比赛	比賽	bǐsài	*v.*	to compete
19.	壶	壺	hú	*n.*	kettle; pot
20.	添	添	tiān	*v.*	add; increase
21.	输	輸	shū	*v.*	lose
22.	朝	朝	cháo	*prep.*	towards
23.	方向	方向	fāngxiàng	*n.*	direction; orientation

	Simplified Characters	Traditional Characters	Pinyin	Part of Speech	English Definition
24.	路费	路費	lùfèi	*n.*	traveling expenses
25.	马夫	馬夫	mǎfū	*n.*	groom (person who takes care of horses)
26.	具有	具有	jùyǒu	*v.*	possess; have
27.	意义	意義	yìyì	*n.*	meaning; sense; significance
28.	反面	反面	fǎnmiàn	*n.*	reverse side; opposite
29.	必要	必要	bìyào	*adj.*	necessary
30.	目的地	目的地	mùdìdì	*n.*	destination

✦ 常用的同类成语 ✦
✦ 常用的同類成語 ✦

Commonly Used Related Idioms

Simplified Characters	Traditional Characters	Pinyin	Part of Speech	English Definition
1. 掩耳盗铃	掩耳盗鈴	yǎněrdàolíng	*id.*	plug one's ears while stealing a bell—deceive the public
2. 守株待兔	守株待兔	shǒuzhūdàitù	*id.*	stand by a stump waiting for hares to run into it—wait for a windfall
3. 削足适履	削足適履	xuēzúshìlǚ	*id.*	cut the feet to fit the shoes—act in a procrustean manner
4. 刻舟求剑	刻舟求劍	kèzhōuqiújiàn	*id.*	cut a mark on the side of one's boat to indicate the place where one's sword has dropped into the river—take measures without regard to changes in circumstances

Simplified Characters	Traditional Characters	Pinyin	Part of Speech	English Definition
5. 对牛弹琴	對牛彈琴	duìniútánqín	id.	play the lute to a cow—choose the wrong audience
6. 邯郸学步	邯鄲學步	Hándānxuébù	id.	imitate others slavishly and thus lose one's individuality
7. 东施效颦	東施效顰	Dōngshīxiàopín	id.	Dong Shi, an ugly woman, knitting her brows in imitation of the famous beauty Xi Shi, only to make herself uglier—blind imitation with ludicrous effect
8. 胶柱鼓瑟	膠柱鼓瑟	jiāozhùgǔsè	id.	play the se (an ancient zither-like instrument) with the pegs glued—stubbornly stick to old ways in the face of changed circumstances
9. 按图索骥	按圖索驥	àntúsuǒjì	id.	try to locate something by following up a clue
10. 自相矛盾	自相矛盾	zìxiāngmáodùn	id.	contradict oneself; be self-contradictory

《杞人忧天》
故事出处：《列子·天瑞》

原文：杞国有人忧天地崩坠，身亡所寄，废寝食者。又有忧彼之所忧者，因往晓之，曰："天，积气耳，亡处亡气。若屈伸呼吸，终日在天中行止，奈何忧崩坠乎？"其人曰："天果积气，日月星宿不当坠耶？"晓之者曰："日月星宿，亦积气中之有光耀者，只使坠，亦不能有所中伤。"其人曰："奈地坏何？"晓者曰："地，积块耳，充塞四虚，亡处亡块。若躇步跐蹈，终日在地上行止，奈何忧其坏？"其人舍然大喜，晓之者亦舍然大喜。

《画蛇添足》
故事出处：《战国策·齐策二》

原文：楚有祠者，赐其舍人卮酒，舍人相谓曰："数人饮之不足，一人饮之有馀。请画地为蛇，先成者饮酒。"一人蛇先成，引酒且饮之，乃左手持卮，右手画蛇曰："吾能为之足。"未成，一个之蛇成，夺其卮，曰："蛇固无足，子安能为之足？"遂饮其酒。为蛇足者，终亡其酒。

《南辕北辙》
故事出处：《战国策·魏策四》

原文：今者臣来，见人於大行，方北面而持其驾，告臣曰："我欲之楚。"臣曰："君之楚，将奚为北面？"曰："吾马良。"臣曰："马虽良，此非楚之路也。"曰："吾用多。"臣曰："用虽多，此非楚之路也。"曰："吾御者善。"此数者愈善，而离楚愈远耳。

练习

Exercises

一、连接意思相关的词语
Link the related words

1. 添   向

2. 担心   脚

3. 愚蠢   加

4. 朝   聪明

5. 能干   笨

6. 足   害怕

一、連接意思相關的詞語

Link the related words

1. 添   向

2. 擔心   腳

3. 愚蠢   加

4. 朝   聰明

5. 能幹   笨

6. 足   害怕

二、选择合适的短语完成句子

Choose the most appropriate phrase to complete the sentence

1. "杞人忧天"是说
   a. 一个人为吃不下饭担心。
   b. 一个人为睡不着觉担心。
   c. 一个人为天塌下来担心。

2. "画蛇添足"是说
   a. 一个人画蛇画得又好又快。
   b. 一个人给蛇多画了四只脚。
   c. 一个人画蛇得到了一壶酒。

3. "南辕北辙"是说
   a. 走错了方向。
   b. 走得非常快。
   c. 走到南方去。

4. 寓言故事流传下来是
   a. 告诉人们应该怎么生活。
   b. 讲愚蠢的人做愚蠢的事。
   c. 讲聪明的人做聪明的事。

二、選擇合適的短語完成句子
Choose the most appropriate phrase to complete the sentence

1. "杞人憂天"是說
   - a. 一個人為吃不下飯擔心。
   - b. 一個人為睡不着覺擔心。
   - c. 一個人為天塌下來擔心。

2. "畫蛇添足"是說
   - a. 一個人畫蛇畫得又好又快。
   - b. 一個人給蛇多畫了四只腳。
   - c. 一個人畫蛇得到了一壺酒。

3. "南轅北轍"是說
   - a. 走錯了方向。
   - b. 走得非常快。
   - c. 走到南方去。

4. 寓言故事流傳下來是
   - a. 告訴人們應該怎麼生活。
   - b. 講愚蠢的人做愚蠢的事。
   - c. 講聰明的人做聰明的事。

三、找出正确的答案
Choose the correct answer

....

1. 杞人为什么担心天会塌下来？
   a. 担心自己睡不着觉。
   b. 担心自己吃不下饭。
   c. 担心自己无处可去。

2. 画蛇的人为什么给蛇画脚？
   a. 觉得自己很能干。
   b. 觉得蛇应该有脚。
   c. 不想得到那壶酒。

3. 要去南方的人为什么朝北走？
   a. 他觉得朝北边走马跑得快。
   b. 他觉得方向错了没有关系。
   c. 他不知道自己要去的方向。

4. 这三个寓言故事想要告诉大家什么？
   a. 告诉大家古人很喜欢做愚蠢的事情。
   b. 告诉大家古人不喜欢做愚蠢的事情。
   c. 告诉大家不要学古人做愚蠢的事情。

三、找出正確的答案

Choose the correct answer

1. 杞人為什麼擔心天會塌下來？
    a. 擔心自己睡不着覺。
    b. 擔心自己吃不下飯。
    c. 擔心自己無處可去。

2. 畫蛇的人為什麼給蛇畫腳？
    a. 覺得自己很能幹。
    b. 覺得蛇應該有腳。
    c. 不想得到那壺酒。

3. 要去南方的人為什麼朝北走？
    a. 他覺得朝北邊走馬跑得快。
    b. 他覺得方向錯了沒有關系。
    c. 他不知道自己要去的方向。

4. 這三個寓言故事想要告訴大家什麼？
    a. 告訴大家古人很喜歡做愚蠢的事情。
    b. 告訴大家古人不喜歡做愚蠢的事情。
    c. 告訴大家不要學古人做愚蠢的事情。

四、思考问题，说说你的看法

Think about the questions and talk about your perspective

1. 你认为这些寓言里的人真的很愚蠢吗？为什么？

2. 你知道哪些中国寓言？你们国家有哪些寓言？

3. 讲一个你们国家的寓言，告诉大家这个寓言有什么教育意义。

四、思考問題，說說你的看法
Think about the questions and talk about your perspective

1. 你認為這些寓言裡的人真的很愚蠢嗎？
   為什麼？

2. 你知道哪些中國寓言？你們國家有哪些
   寓言？

3. 講一個你們國家的寓言，告訴大家這個
   寓言有什麼教育意義。

五

◆ 普通话和地方话 ◆
◆ 普通話和地方話 ◆

Mandarin and Dialects

在中国旅行时，你会发现东、西、南、北、中，不同地方的人说的话很不一样，即使是北京、西安、上海、广州这些大城市的人，他们说的话也不一样。

北京人说话大部份你都能听懂，西安人说话你能听懂其中的一部份，可是上海人说话你就很难听懂了，到了广州，广州人说话恐怕你一点儿都听不懂。

为什么大家都是中国人，大家说的也都是中文，不同地方的人说的话却不一样呢？

这是因为中国的历史悠久，土地辽阔，可是在很久以前，中国的交通却很不发达，各地的人相互之间不经常来往，很多年以后，不同地方的人说的话就有了独特的语音、语调，甚至有独特的词汇和语法。这种具有独特地方口音的话就叫做"地方话"，也叫做"方言"。

中国有多少方言呢？如果从大的方面来划分，主要有广东、福建、湖南、上海、江西等八个大方言　如果按照小的不同来划在中國旅行時，你會發現東、西、南、北、中，不同地方的人說的話很不一樣，即使是北京、西安、上海、廣州這些大城市的人，他們說的話也不一樣。

北京人說話大部份你都能聽懂，西安人說話你能聽懂其中的一部份，可是上海人說話你就很難聽懂了，到了廣州，廣州人說話恐怕你一點兒都聽不懂。

為什麼大家都是中國人，大家說的也都是中文，不同地方的人說的話卻不一樣呢？

這是因為中國的歷史悠久，土地遼闊，可是在很久以前，中國的交通卻很不發達，各地的人相互之間不經常來往，很多年以後，不同地方的人說的話就有了獨特的語音、語調，甚至有獨特的詞匯和語法。這種具有獨特地方口音的話就叫做“地方話”，也叫做“方言”。

中國有多少方言呢？如果從大的方面來劃分，主要有廣東、福建、湖南、上海、江西等八個大方言　如果按照小的不同來劃分，就会有几千种小方言。有的方言和方言之间的差别很大，不同方言区的人完全听不懂对方的话。

几十年来，中国政府一直在推广普通话，政府要求各地的人都要会讲普通话。中国政府还规定：中小学老师上课时一定要说普通话；学生在学校里也必须讲普通话。中国的广播和电视上说的也大都是普通话。

方言对学习中文的人来说是一件非常麻烦的事情，不过现在无论什么地方的人，只要上过学就可以讲普通话。虽然有些人的普通话带有地方口音，可是你还是能听得懂，所以下次你去中国旅行的时候，你可以和当地人讲普通话，也可以让他们跟你说普通话。

分，就會有幾千種小方言。有的方言和方言之間的差別很大，不同方言區的人完全聽不懂對方的話。

幾十年來，中國政府一直在推廣普通話，政府要求各地的人都要會講普通話。中國政府還規定：中小學老師上課時一定要説普通話；學生在學校裡也必須講普通話。中國的廣播和電視上說的也大都是普通話。

方言對學習中文的人來説是一件非常麻煩的事情，不過現在無論什麼地方的人，只要上過學就可以講普通話。雖然有些人的普通話帶有地方口音，可是你還是能聽得懂，所以下次你去中國旅行的時候，你可以和當地人講普通話，也可以讓他們跟你説普通話。

Simplified Characters	Traditional Characters	Pinyin	Part of Speech	English Definition
1. 普通话	普通話	Pǔtōnghuà	*prn.*	standard Mandarin Chinese
2. 地方话	地方話	dìfānghuà	*n.*	dialect
3. 大城市	大城市	dàchéngshì	*n.*	major city; metropolis
4. 部分	部分	bùfèn	*n.*	part; portion
5. 悠久	悠久	yōujiǔ	*adj.*	long-standing; age-old
6. 辽阔	遼闊	liáokuò	*adj.*	vast; extensive
7. 交通	交通	jiāotōng	*n.*	communication
8. 发达	發達	fādá	*adj.*	develop
9. 相互	相互	xiānghù	*adv.*	mutual; each other
10. 经常	經常	jīngcháng	*adv.*	frequently; often
11. 独特	獨特	dútè	*adj.*	unique; distinctive
12. 语音	語音	yǔyīn	*n.*	speech sounds; pronunciation
13. 语调	語調	yǔdiào	*n.*	intonation
14. 口音	口音	kǒuyīn	*n.*	voice; accent

	Simplified Characters	Traditional Characters	Pinyin	Part of Speech	English Definition
15.	方言	方言	fāngyán	n.	dialect
16.	方面	方面	fāngmiàn	n.	aspect
17.	划分	劃分	huàfēn	v.	divide
18.	主要	主要	zhǔyào	n.	main
19.	按照	按照	ànzhào	prep.	according to
20.	差别	差別	chābié	n.	discrepancy
21.	区	區	qū	n.	area; district; region
22.	对方	對方	duìfāng	n.	other side; opposite side
23.	推广	推廣	tuīguǎng	v.	extend
24.	要求	要求	yāoqiú	v.	require
25.	中小学	中小學	zhōngxiǎoxué	n.	elementary, middle, and high school
26.	必须	必須	bìxū	adv.	must; have to
27.	广播	廣播	guǎngbō	n.	broadcast
28.	麻烦	麻煩	máfan	adj.	troublesome; inconvenient
29.	带有	帶有	dàiyǒu	v.	have something hidden inside
30.	当地	當地	dāngdì	n.	local

I. Běifāng fāngyánqū

北方方言区　　黄河流域为中心，东北和长
江流域中部及西南各省。

北方方言區　　黃河流域為中心，東北和長
江流域中部及西南各省。

2. Wú fāngyánqū

吴方言区　　　上海地区、江苏东南部和浙
江大部分。

吳方言區　　　上海地區、江蘇東南部和浙
江大部分。

3. Xiāng fāngyánqū

湘方言区　　　湖南省大部分地区。
湘方言區　　　湖南省大部分地區。

4. Gàn fāngyánqū

赣方言区　　江西省大部分地区和湖北东
　　　　　　南角。

贛方言區　　江西省大部分地區和湖北東
　　　　　　南角。

5. Kèjiā fāngyánqū

客家方言区　　广东、广西、福建、江西部
　　　　　　　分地区。

客家方言區　　廣東、廣西、福建、江西部
　　　　　　　分地區。

6. Mǐnběi fāngyánqū

闽北方言区　　福建北部和台湾部分地区。
閩北方言區　　福建北部和臺灣部分地區。

7. Mǐnnán fāngyánqū

闽南方言区　　福建南部、广东潮汕、台湾
　　　　　　　大部分、海南部分地区。

閩南方言區　　福建南部、廣東潮汕、臺灣
　　　　　　　大部分、海南部分地區。

8. Yuè fāngyánqū

粤方言区　　广东中部及西南部、广西东
　　　　　　南部。

粤方言區　　廣東中部及西南部、廣西東
　　　　　　南部。

	Simplified Characters	Traditional Characters	Pinyin	Part of Speech	English Definition
1.	温州话	溫州話	Wēnzhōuhuà	*prn.*	Wenzhou dialect
2.	广东话	廣東話	Guǎngdōnghuà	*prn.*	Cantonese
3.	闽南话	閩南話	Mǐnnánhuà	*prn.*	South Fujian dialect
4.	苏州话	蘇州話	Sūzhōuhuà	*prn.*	Suzhou dialect
5.	上海话	上海話	Shànghaihuà	*prn.*	Shanghainese
6.	陕西话	陝西話	Shǎnxīhuà	*prn.*	Shaanxi dialect
7.	湖南话	湖南話	Húnánhuà	*prn.*	Hunan dialect
8.	四川话	四川話	Sìchuānhuà	*prn.*	Sichuan dialect
9.	山东话	山東話	Shāndōnghuà	*prn.*	Shandong dialect

Simplified Characters	Traditional Characters	Pinyin	Part of Speech	English Definition
10. 天津话	天津話	Tiānjīnhuà	*prn.*	Tianjin dialect
11. 东北话	東北話	Dōngběihuà	*prn.*	Northeast dialect
12. 河南话	河南話	Hénánhuà	*prn.*	Henan dialect

Municipalities, Provinces, Autonomous Regions, and Special Administrative Regions of China

Simplified Characters	Traditional Characters	Pinyin	English Definition
北京市	北京市	Běijīng Shì	Beijing city
上海市	上海市	Shànghǎi Shì	Shanghai city
重庆市	重慶市	Chóngqìng Shì	Chongqing city
天津市	天津市	Tiānjīn Shì	Tianjin city
河北省	河北省	Héběi Shěng	Hebei Province
山西省	山西省	Shānxī Shěng	Shanxi Province
辽宁省	遼寧省	Liáoníng Shěng	Liaoning Province
吉林省	吉林省	Jílín Shěng	Jilin Province
黑龙江	黑龍江	Hēilóngjiāng Shěng	Heilongjiang Province
江苏省	江蘇省	Jiāngsū Shěng	Jiangsu Province
浙江省	浙江省	Zhèjiāng Shěng	Zhejiang Province
安徽省	安徽省	Ānhuī Shěng	Anhui Province
福建省	福建省	Fújiàn Shěng	Fujian Province
江西省	江西省	Jiāngxī Shěng	Jiangxi Province

Simplified Characters	Traditional Characters	Pinyin	English Definition
山东省	山東省	Shāndōng Shěng	Shandong Province
河南省	河南省	Hénán Shěng	Henan Province
湖北省	湖北省	Húběi Shěng	Hubei Province
湖南省	湖南省	Húnán Shěng	Hunan Province
广东省	廣東省	Guǎngdōng Shěng	Guangdong Province
海南省	海南省	Hǎinán Shěng	Hainan Province
四川省	四川省	Sìchuān Shěng	Sichuan Province
贵州省	貴州省	Guìzhōu Shěng	Guizhou Province
云南省	雲南省	Yúnnán Shěng	Yunnan Province
陕西省	陝西省	Shǎnxī Shěng	Shaanxi Province
甘肃省	甘肅省	Gānsù Shěng	Gansu Province
青海省	青海省	Qīnghǎi Shěng	Qinghai Province
台湾省	臺灣省	Táiwān Shěng	Taiwan Province
广西壮族自治区	廣西壯族自治區	Guǎngxī Zhuàngzú Zìzhìqū	Guangxi Zhuang Autonomous Region
宁夏回族自治区	寧夏回族自治區	Níngxià Huízú Zìzhìqū	Ningxia Hui Autonomous Region
新疆维吾尔族自治区	新疆維吾爾族自治區	Xīnjiāng Wéiwúěrzú Zìzhìqū	Xinjiang Uyghur Autonomous Region
西藏自治区	西藏自治區	Xīzàng Zìzhìqū	Xizang (Tibet) Autonomous Region

Simplified Characters	Traditional Characters	Pinyin	English Definition
内蒙古	內蒙古	Nèi Měnggǔ	Inner Mongolia
自治区	自治區	Zìzhìqū	Autonomous Region
香港特别	香港特別	Xiānggǎng Tèbié	Hong Kong Special
行政区	行政區	Xíngzhèngqū	Administrative Region
澳门特别	澳門特別	Àomén Tèbié	Aomen (Macao) Special
行政区	行政區	Xíngzhèngqū	Administrative Region

练习	
Exercises	

一、连接意思相近的词语
Link the similar words

....

1. 相同   不一样

2. 悠久   不方便

3. 方言   时间长

4. 差别   面积大

5. 辽阔   地方话

6. 麻烦   都一样

練習

Exercises

一、連接意思相近的詞語

Link the similar words

....

1.	相同	不一樣
2.	悠久	不方便
3.	方言	時間長
4.	差別	面積大
5.	遼闊	地方話
6.	麻煩	都一樣

二、选择合适的短语完成句子

Choose the most appropriate phrase to complete the sentence

1. 学了中文以后去中国旅行，你会发现
   a. 所有地方的人说的话你都能听懂。
   b. 所有地方的人说的话你都听不懂。
   c. 有些地方的人说的话你可以听懂。

2. 方言是指
   a. 广州人或上海人说的话。
   b. 具有独特地方口音的话。
   c. 除了北京口音以外的话。

3. 方言对学习中文的人来说，
   a. 是一件非常容易的事情。
   b. 是一件非常麻烦的事情。
   c. 是一件非常有趣的事情。

4. 中国政府规定
   a. 学生在学校必须讲普通话。
   b. 学生在家里必须讲地方话。
   c. 电视和广播必须讲地方话。

二、選擇合適的短語完成句子

Choose the most appropriate phrase to complete the sentence

1. 學了中文以后去中國旅行，你會發現
   a. 所有地方的人說的話你都能聽懂。
   b. 所有地方的人說的話你都聽不懂。
   c. 有些地方的人說的話你可以聽懂。

2. 方言是指
   a. 廣州人或上海人說的話。
   b. 具有獨特地方口音的話。
   c. 除了北京口音以外的話。

3. 方言對學習中文的人來說，
   a. 是一件非常容易的事情。
   b. 是一件非常麻煩的事情。
   c. 是一件非常有趣的事情。

4. 中國政府規定
   a. 學生在學校必須講普通話。
   b. 學生在家裡必須講地方話。
   c. 電視和廣播必須講地方話。

三、找出正确的答案
Choose the correct answer

1. 要是你听不懂方言怎么办?
   a. 去没有方言的地方。
   b. 跟当地人学习方言。
   c. 让当地人讲普通话。

2. 去中国需要学方言吗?
   a. 不需要，因为中国各地的话完全一样。
   b. 不需要，因为上过学的人会讲普通话。
   c. 不需要，因为会讲普通话就会讲方言。

3. 中国政府怎么推广普通话?
   a. 规定人们不可以讲方言。
   b. 规定学生老师讲普通话。
   c. 规定跟外国人讲普通话。

4. 中国主要有几大方言?
   a. 主要有八个大方言。
   b. 有几千个大的方言。
   c. 有大方言和小方言。

三、找出正確的答案
Choose the correct answer

1. 要是你聽不懂方言怎麼辦？
    a. 去沒有方言的地方。
    b. 跟當地人學習方言。
    c. 讓當地人講普通話。

2. 去中國需要學方言嗎？
    a. 不需要，因為中國各地的話完全一樣。
    b. 不需要，因為上過學的人會講普通話。
    c. 不需要，因為會講普通話就會講方言。

3. 中國政府怎麼推廣普通話？
    a. 規定人們不可以講方言。
    b. 規定學生老師講普通話。
    c. 規定跟外國人講普通話。

4. 中國主要有幾大方言？
    a. 主要有八個大方言。
    b. 有幾千個大的方言。
    c. 有大方言和小方言。

四、思考问题，说说你的看法

Think about the questions and talk about your perspective

1. 中国政府为什么要推广普通话？

2. 方言是怎么产生的？

3. 你们国家有没有方言？你知道哪些国家有方言？

四、思考問題，説説你的看法

Think about the questions and talk about your perspective

....

1. 中國政府為什麼要推廣普通話？

2. 方言是怎麼產生的？

3. 你們國家有沒有方言？你知道哪些國家有方言？

六

◆ 阿Q精神 ◆
◆ 阿Q精神 ◆

Ah Q Spirit

七 十多年前，鲁迅写了一篇著名的小说，叫做《阿Q正传》。这本小说讲的是一个名叫阿Q的人，他每次受到委屈，感到难过的时候，就想办法从精神上来安慰自己。

比如说，有人打了他，他很难过，很生气，于是他就对自己说："别难过，别生气，这是儿子打老子。"阿Q这样说了以后，心里就不觉得难过了，也不觉得委屈了。阿Q可不管这是不是真的，只要能让自己不难过就行了。

自从《阿Q正传》问世以后，人们就把这种自己欺骗自己，自己安慰自己的做法叫做"阿Q精神"。

鲁迅写《阿Q正传》是要告诉大家，不只是阿Q一个人有阿Q精神，每一个中国人或多或少都会有一点儿阿Q精神；而且差不多每一个人都曾经做过一两次阿Q那样的事情。当然，他们受到委屈、感到难过的时候，也

七 十多年前，魯迅寫了一篇著名的小説，叫做《阿Q正傳》。這本小説講的是一個名叫阿Q的人，他每次受到委屈，感到難過的時候，就想辦法從精神上來安慰自己。

比如説，有人打了他，他很難過，很生氣，於是他就對自己説："別難過，別生氣，這是兒子打老子。"阿Q這樣説了以后，心裡就不覺得難過了，也不覺得委屈了。阿Q可不管這是不是真的，只要能讓自己不難過就行了。

自從《阿Q正傳》問世以后，人們就把這種自己欺騙自己，自己安慰自己的做法叫做"阿Q精神"。

魯迅寫《阿Q正傳》是要告訴大家，不只是阿Q一個人有阿Q精神，每一個中國人或多或少都會有一點兒阿Q精神；而且差不多每一個人都曾經做過一兩次阿Q那樣的事情。當然，他們受到委屈、感到難過的時候，也许不会用阿Q那种"儿子打老子"的精神胜利法，但是他们会用其它方法来安慰自己。

比如一个人丢了许多钱，他很难过，他就对自己说："别难过了，花钱消灾嘛！"这句话的意思是说：这钱没有白白地丢掉，它已经为你消除了一个可能存在的大灾祸。他这样想了以后，心里就舒服多了。

还有一对老夫妇辛辛苦苦养了八个孩子，孩子长大后一个个都不孝顺，谁也不愿意赡养老人。老人很难过，可是他们没办法，只好对自己说："唉！别难过了，就当我们从来没有养过孩子吧！"

阿Q精神好不好呢？自己欺骗自己当然不好，可是有时候阿Q精神确实可以给你一点儿精神上的安慰，让你从难过中解脱出来。

許不會用阿Q那種"兒子打老子"的精神勝利法，但是他們會用其它方法來安慰自己。

比如一個人丟了許多錢，他很難過，他就對自己說："別難過了，花錢消災嘛！"這句話的意思是說：這錢沒有白白地丟掉，它已經為你消除了一個可能存在的大災禍。他這樣想了以后，心裡就舒服多了。

還有一對老夫婦辛辛苦苦養了八個孩子，孩子長大后一個個都不孝順，誰也不願意贍養老人。老人很難過，可是他們沒辦法，只好對自己說："唉！別難過了，就當我們從來沒有養過孩子吧！"

阿Q精神好不好呢？自己欺騙自己當然不好，可是有時候阿Q精神確實可以給你一點兒精神上的安慰，讓你從難過中解脫出來。

New Vocabulary

Simplified Characters	Traditional Characters	Pinyin	Part of Speech	English Definition
1. 阿Q	阿Q	Ā Q	*prn.*	Ah Q, the protagonist in Lu Xun's novel *The True Story of Ah Q*
2. 精神	精神	jīngshén	*n.*	spirit
3. 鲁迅	鲁迅	Lǔ Xùn	*prn.*	name of an author, Lu Xun (1881–1936; regarded as the father of modern Chinese literature)
4. 著名	著名	zhùmíng	*adj.*	outstanding; notable
5. 小说	小說	xiǎoshuō	*n.*	novel
6. 正传	正傳	zhēngzhuàn	*n.*	authorized biography
7. 委屈	委屈	wěiqu	*adj.*	feeling wronged; chagrined
8. 安慰	安慰	ānwèi	*v.*	comfort, to console
9. 老子	老子	lǎozi	*n.*	father (colloquial)
10. 问世	問世	wènshì	*v.*	be published; come out

	Simplified Characters	Traditional Characters	Pinyin	Part of Speech	English Definition
11.	欺骗	欺騙	qīpiàn	v.	deceive; cheat
12.	或多或少	或多或少	huòduōhuòshào	ce.	more or less
13.	曾经	曾經	céngjīng	adv.	once; at one time
14.	胜利	勝利	shènglì	n.	victory
15.	精神胜利法	精神勝利法	jīngshén shènglìfǎ	ce.	champion of spiritual victory
16.	丢/丢掉	丢/丢掉	diū/diūdiào	v.	lose; throw away
17.	花钱	花錢	huāqián	vo.	spend money
18.	消灾	消災	xiāozāi	vo.	prevent calamity
19.	白白地	白白地	báibáide	adv.	for nothing; in vain
20.	消除	消除	xiāochú	v.	eliminate; remove
21.	存在	存在	cúnzài	v.	being; exist
22.	灾祸	災禍	zāihuò	n.	disaster
23.	舒服	舒服	shūfu	adj.	comfortable; be well
24.	夫妇	夫婦	fūfù	n.	husband and wife
25.	养	養	yǎng	v.	raise; give birth to
26.	孝顺	孝順	xiàoshùn	v.	show filial obedience

Simplified Characters	Traditional Characters	Pinyin	Part of Speech	English Definition
27. 赡养	贍養	shànyǎng	*v.*	support
28. 当	當	dāng	*v.*	equal to
29. 确实	確實	quèshí	*adv.*	indeed; truly
30. 解脱	解脱	jiětuō	*v.*	free; extricate oneself

◆ 常用的有关心情的词语 ◆
◆ 常用的有關心情的詞語 ◆

Commonly Used Related Words and Phrases

	Simplified Characters	Traditional Characters	Pinyin	Part of Speech	English Definition
1.	难过	難過	nánguò	*adj.*	have a hard time; be grieved
2.	难受	難受	nánshòu	*adj.*	feel bad; feel unwell; feel ill
3.	伤心	傷心	shāngxīn	*adj.*	sad; broken-hearted
4.	痛苦	痛苦	tòngkǔ	*adj.*	pain; suffering; agony
5.	高兴	高興	gāoxìng	*adj.*	glad; happy; cheerful
6.	愉快	愉快	yúkuài	*adj.*	happy; joyful; cheerful
7.	快乐	快樂	kuàilè	*adj.*	happy; joyful; cheerful
8.	生气	生氣	shēngqì	*v.*	take offense; get angry
9.	愤怒	憤怒	fènnù	*adj.*	indignation; anger
10.	紧张	緊張	jǐnzhāng	*adj.*	nervous
11.	担心	擔心	dānxīn	*v.*	worry oneself about; be anxious about
12.	担忧	擔憂	dānyōu	*v.*	worry; be anxious
13.	发愁	發愁	fāchóu	*v.*	worry; be anxious

	Simplified Characters	Traditional Characters	Pinyin	Part of Speech	English Definition
14.	忧愁	憂愁	yōuchóu	*adj.*	sad; worried; depressed
15.	害怕	害怕	hàipà	*v.*	be afraid; be scared
16.	放心	放心	fàngxīn	*v.*	set one's mind at rest

一、连接意思相关的词语
Link the related words

1. 受到   难过

2. 花钱   安慰

3. 感到   父母

4. 欺骗   消灾

5. 孝顺   自己

6. 精神   委屈

一、連接意思相關的詞語

Link the related words

1. 受到　　　　難過

2. 花錢　　　　安慰

3. 感到　　　　父母

4. 欺騙　　　　消災

5. 孝順　　　　自己

6. 精神　　　　委屈

二、选择合适的短语完成句子

Choose the most appropriate phrase to complete the sentence

1. 精神胜利法是
   a. 欺骗别人安慰自己。
   b. 欺骗自己安慰自己。
   c. 欺骗别人安慰别人。

2. 阿Q对自己说"儿子打老子"是为了让
   a. 自己心里难过。
   b. 他当人家爸爸。
   c. 他心里不难过。

3. 孩子不孝顺，老夫妇就自己安慰自己说
   a. 辛辛苦苦地养大了八个孩子。
   b. 就当自己从来没有养过孩子。
   c. 养孩子和没有养孩子不一样。

4. 鲁迅写《阿Q正传》是为了让大家明白
   a. 人人都会用自己骗自己的方法安慰
      自己。
   b. 有了阿Q精神就不再受委屈不再难
      过了。
   c. 用精神胜利法来安慰自己的人会很
      愉快。

二、選擇合適的短語完成句子

Choose the most appropriate phrase to complete the sentence

1. 精神勝利法是
   a. 欺騙別人安慰自己。
   b. 欺騙自己安慰自己。
   c. 欺騙別人安慰別人。

2. 阿Q對自己說"兒子打老子"是為了讓
   a. 自己心裡難過。
   b. 他當人家爸爸。
   c. 他心裡不難過。

3. 孩子不孝順，老夫婦就自己安慰自己說
   a. 辛辛苦苦地養大了八個孩子。
   b. 就當自己從來沒有養過孩子。
   c. 養孩子和沒有養孩子不一樣。

4. 魯迅寫《阿Q正傳》是為了讓大家明白
   a. 人人都會用自己騙自己的方法安慰
      自己。
   b. 有了阿Q精神就不再受委屈不再難
      過了。
   c. 用精神勝利法來安慰自己的人會很
      愉快。

三、找出正确的答案

Choose the correct answer

....

1. 阿Q精神有什么好处？
    a. 人们可以花很多钱消除灾祸。
    b. 人们可以从难过中解脱出来。
    c. 人们知道打人的人都是儿子。

2. 为什么人或多或少都有一点儿阿Q精神？
    a. 因为每个人都会感到难过和委屈。
    b. 因为每个人都需要精神上的安慰。
    c. 因为每个人都会花钱来消除灾祸。

3. 《阿Q正传》问世以后，人们知道了什么？
    a. 知道什么是阿Q精神。
    b. 知道阿Q在什么地方。
    c. 知道阿Q被别人打了。

4. 花钱消灾的意思是什么？
    a. 有钱就没有灾祸。
    b. 钱可以带来灾祸。
    c. 用钱来消除灾祸。

三、找出正確的答案
Choose the correct answer

1. 阿Q精神有什麼好處？
    a. 人們可以花很多錢消除災禍。
    b. 人們可以從難過中解脫出來。
    c. 人們知道打人的人都是兒子。

2. 為什麼人或多或少都有一點兒阿Q精神？
    a. 因為每個人都會感到難過和委屈。
    b. 因為每個人都需要精神上的安慰。
    c. 因為每個人都會花錢來消除災禍。

3. 《阿Q正傳》問世以后，人們知道了什麼？
    a. 知道什麼是阿Q精神。
    b. 知道阿Q在什麼地方。
    c. 知道阿Q被別人打了。

4. 花錢消災的意思是什麼？
    a. 有錢就沒有災禍。
    b. 錢可以帶來災禍。
    c. 用錢來消除災禍。

四、思考问题，说说你的看法
Think about the questions and talk about your perspective

1. 你觉得人们应该不应该有阿Q精神？为什么？

2. 当你受到委屈时，你会不会自己安慰自己？

3. 你有没有做过一两次阿Q那样的事情？可以讲一下吗？

四、思考問題，説説你的看法
Think about the questions and talk about your perspective

1. 你覺得人們應該不應該有阿Q精神？
   為什麼？

2. 當你受到委屈時，你會不會自己安慰
   自己？

3. 你有沒有做過一兩次阿Q那樣的事情？
   可以講一下嗎？

七

◆ 手足情和七步诗 ◆
◆ 手足情和七步诗 ◆

Brotherhood and the Seven-Step Poem

世界上兄弟之间的感情最深，人们把兄弟比做手足，把兄弟之间的感情叫做"手足情"。

可是中国古代有一种人兄弟之间没有感情，他们之间只有争斗和残杀。他们是谁呢？他们是皇帝的儿子。

过去一个皇帝有很多儿子，这些儿子为了争夺皇位，你争我斗、相互残杀。三国时期有个"七步诗"的故事，讲的就是当了皇帝的哥哥要杀害弟弟的事情。

三国时期魏国皇帝曹操有二十五个儿子，曹操最喜欢三儿子曹植和二儿子曹丕。曹植心地善良，人聪明又有才能，作诗写文章都很好；曹丕心狠毒辣，人很狡猾却没有什么才能，作诗写文章都不如弟弟曹植。

曹操本来想让曹植继承皇位当皇帝的，可是他又觉得曹植心地太善良了，担心他将来管理不了国家，于是就让曹丕当了皇帝。

曹丕当了皇帝后，很嫉妒曹植的才能。他知道大家喜欢曹植不喜欢他，就想找机会世界上兄弟之間的感情最深，人們把兄弟比做手足，把兄弟之間的感情叫做"手足情"。

可是中國古代有一種人兄弟之間沒有感情，他們之間只有爭鬥和殘殺。他們是誰呢？他們是皇帝的兒子。

過去一個皇帝有很多兒子，這些兒子為了爭奪皇位，你爭我鬥、相互殘殺。三國時期有個"七步詩"的故事，講的就是當了皇帝的哥哥要殺害弟弟的事情。

三國時期魏國皇帝曹操有二十五個兒子，曹操最喜歡三兒子曹植和二兒子曹丕。曹植心地善良，人聰明又有才能，作詩寫文章都很好；曹丕心狠毒辣，人很狡猾卻沒有什麼才能，作詩寫文章都不如弟弟曹植。

曹操本來想讓曹植繼承皇位當皇帝的，可是他又覺得曹植心地太善良了，擔心他將來管理不了國家，於是就讓曹丕當了皇帝。

曹丕當了皇帝后，很嫉妒曹植的才能。他知道大家喜歡曹植不喜歡他，就想找機會把曹植杀死。一天，曹丕对曹植说：你做错事儿了，现在你必须在走七步的时间里作出一首诗来，如果作不出来，就要把你杀死。

曹植知道哥哥要杀害他，他很伤心。他走一步作一句诗，不到七步就作好了一首诗。这首诗说："煮豆燃豆萁，豆在釜中泣。本是同根生，相煎何太急？"它的意思是：烧豆秆来煮豆子，豆子在锅里哭泣。豆秆和豆子本来是同一个根长出来的，互相伤害为什么这么急呢？

曹丕看到曹植不到七步就作好了一首诗，感到非常惊讶。当他听到"本是同根生，相煎何太急"这两句诗时，多少又有些惭愧了。

把曹植殺死。一天，曹丕對曹植說：你做錯事兒了，現在你必須在走七步的時間裡作出一首詩來，如果作不出來，就要把你殺死。

曹植知道哥哥要殺害他，他很傷心。他走一步作一句詩，不到七步就作好了一首詩。這首詩說："煮豆燃豆萁，豆在釜中泣。本是同根生，相煎何太急？"它的意思是：燒豆稈來煮豆子，豆子在鍋裡哭泣。豆稈和豆子本來是同一個根長出來的，互相傷害為什麼這麼急呢？

曹丕看到曹植不到七步就作好了一首詩，感到非常驚訝。當他聽到"本是同根生，相煎何太急"這兩句詩時，多少又有些慚愧了。

✦ 生词 ✦
✦ 生詞 ✦

New Vocabulary

	Simplified Characters	Traditional Characters	Pinyin	Part of Speech	English Definition
1.	手足	手足	shǒuzú	n.	hands and feet, metaphorical expression for brothers
2.	比做	比做	bǐzuò	v.	compare metaphorically; make an analogy
3.	争斗	爭鬥	zhēngdòu	v.	fight; struggle
4.	残杀	殘殺	cánshā	v.	murder; massacre
5.	争夺	爭奪	zhēngduó	v.	fight for; contend for
6.	皇位	皇位	huángwèi	n.	throne
7.	魏国	魏國	Wèiguó	prn.	an ancient feudal state
8.	曹操	曹操	Cáo Cāo	prn.	Cao Cao (A.D.155–220) A powerful warlord in the late Han Dynasty period

	Simplified Characters	Traditional Characters	Pinyin	Part of Speech	English Definition
9.	曹植	曹植	Cáo Zhí	*prn.*	Cao Zhi (A.D. 192–232) Cao Cao's younger son, a renowned poet
10.	曹丕	曹丕	Cáo Pī	*prn.*	Cao Pi (A.D. 187–226) Cao Cao's elder son, a shrewd ruler of the state of Wei and also a poet
11.	心地善良	心地善良	xīndìshànliáng	*id.*	good-natured; kind-hearted
12.	才能	才能	cáinéng	*n.*	ability; talent
13.	心狠毒辣	心狠毒辣	xīnhěndúlà	*id.*	cruel and ruthless
14.	狡猾	狡猾	jiǎohuá	*adj.*	sly; crafty
15.	继承	繼承	jìchéng	*v.*	inherit
16.	管理	管理	guǎnlǐ	*v.*	manage; administer
17.	嫉妒	嫉妒	jídù	*v.*	be jealous of; envy
18.	杀害	殺害	shāhài	*v.*	murder; kill
19.	煮	煮	zhǔ	*v.*	boil; cook
20.	泣	泣	qì	*v.*	weep; sob
21.	根	根	gēn	*n.*	root
22.	煎	煎	jiān	*v.*	simmer in water

	Simplified Characters	Traditional Characters	Pinyin	Part of Speech	English Definition
23.	何	何	hé	*adv.*	why, what (classical)
24.	烧	燒	shāo	*v.*	burn
25.	豆秆	豆稈	dòugǎn	*n.*	beanstalk
26.	锅	鍋	guō	*n.*	cooking pot
27.	伤害	傷害	shānghài	*v.*	injure; harm
28.	惊讶	驚訝	jīngyà	*adj.*	surprised; amazed
29.	多少	多少	duōshao	*adv.*	somewhat
30.	惭愧	慚愧	cánkuì	*adj.*	ashamed

Chronology of Chinese History

Simplified Characters	Traditional Characters	Pinyin	English Definition
夏朝	夏朝	Xiàcháo	Xia Dynasty (2070 B.C.–1600 B.C.)
商朝	商朝	Shāngcháo	Shang Dynasty (1600 B.C.–1046 B.C.)
周朝	周朝	Zhōucháo	Zhou Dynasty (1046 B.C.–256 B.C.)
秦朝	秦朝	Qíncháo	Qin Dynasty (221 B.C.–206 B.C.)
汉朝	漢朝	Hàncháo	Han Dynasty (206 B.C.–A.D. 220)
三国	三國	Sānguó	Three Kingdoms (220–280)
晋朝	晉朝	Jìncháo	Jin Dynasty (265–420)
南北朝	南北朝	Nánběicháo	Northern and Southern Dynasties (420–589)
隋朝	隋朝	Suícháo	Sui Dynasty (581–618)
唐朝	唐朝	Tángcháo	Tang Dynasty (618–907)

Simplified Characters	Traditional Characters	Pinyin	English Definition
五代十国	五代十國	Wǔdàishíguó	Five Dynasties (907–960)
宋朝	宋朝	Sòngcháo	Song Dynasty (960–1279)
元朝	元朝	Yuáncháo	Yuan Dynasty (1206–1368)
明朝	明朝	Míngcháo	Ming Dynasty (1368–1644)
清朝	清朝	Qīngcháo	Qing Dynasty (1644–1911)
中华民国	中華民國	Zhōnghuá Mínguó	Republic of China (1912–1949)
中华人民共和国	中華人民共和國	Zhōnghuá Rénmín Gònghéguó	People's Republic of China (1949–present)

出处
Source

故事出处：《世说新语·文学》

原文：文帝尝令东阿王七步中作诗，不成则行以大法，应声便为诗曰："煮豆持作羹，漉豉以为汁。萁向釜下燃，豆在釜中泣。本自同根生，相煎何太急？"

Seven-Step Poem

zhǔ   dòu   rán   dòu   qí

煮 豆 燃 豆 萁,

They were boiling beans on a beanstalk fire,

dòu   zài   fǔ   zhōng   qì

豆 在 釜 中 泣。

In the pot beans weep.

běn   shì   tóng   gēn   shēng

本 是 同 根 生,

Grown from the same stems,

xiāng   jiān   hé   tài   jí

相 煎 何 太 急?

Why do you kill me with hot anger?

练习

Exercises

一、连接意思相关的词语

Link the related words

1. 争夺   残杀

2. 嫉妒   惊讶

3. 感到   皇位

4. 心狠   善良

5. 心地   才能

6. 相互   毒辣

練習
Exercises

一、連接意思相關的詞語
Link the related words

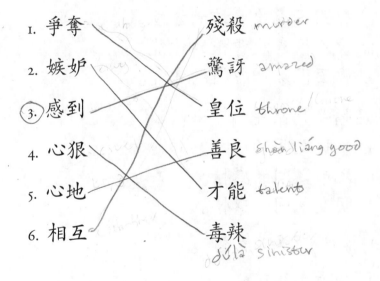

1. 爭奪   殘殺 murder
2. 嫉妒   驚訝 amazed
3. 感到   皇位 throne
4. 心狠   善良 shàn liáng good
5. 心地   才能 talent
6. 相互   毒辣 dú là sinister

二、选择合适的短语完成句子

Choose the most appropriate phrase to complete the sentence

1. 曹操让曹丕继承皇位，是因为
   a. 曹植管理不了国家。
   b. 曹植聪明又有才能。
   c. 曹植会作诗写文章。

2. 曹丕要杀曹植是因为
   a. 曹丕不喜欢曹植的才能。
   b. 曹丕很喜欢曹植的才能。
   c. 曹丕很嫉妒曹植的才能。

3. 手足情是用来比喻
   a. 手脚之间的感情。
   b. 兄弟之间的感情。
   c. 朋友之间的感情。

4. 《七步诗》讲的是
   a. 怎样煮豆子。
   b. 怎样烧豆秆。
   c. 兄弟间残杀。

二、選擇合適的短語完成句子
Choose the most appropriate phrase to complete the sentence

A. 1. 曹操讓曹丕繼承皇位，是因為
    a. 曹植管理不了國家。
    b. 曹植聰明又有才能。
    c. 曹植會作詩寫文章。

C. 2. 曹丕要殺曹植是因為
    a. 曹丕不喜歡曹植的才能。
    b. 曹丕很喜歡曹植的才能。
    c. 曹丕很嫉妒曹植的才能。

B. 3. 手足情是用來比喻
    a. 手腳之間的感情。
    b. 兄弟之間的感情。
    c. 朋友之間的感情。

C. 4. 《七步詩》講的是
    a. 怎樣煮豆子。
    b. 怎樣燒豆稭。
    c. 兄弟間殘殺。

三、找出正确答案

Choose the correct answer

....

1. 曹丕跟曹植有什么不同？
   a. 曹植愚蠢狡猾，曹丕聪明能干。
   b. 曹植心地善良，曹丕心狠毒辣。
   c. 曹植喜欢作诗，曹丕爱写文章。

2. 皇帝的儿子为什么没有手足情？
   a. 皇帝的儿子都想争夺皇位。
   b. 皇帝的儿子都是心狠毒辣。
   c. 皇帝的儿子都会写七步诗。

3. 曹丕听了曹植的诗以后，为什么多少有些
   惭愧？
   a. 曹丕嫉妒曹植的聪明和才能。
   b. 曹丕觉得杀弟弟是有些不对。
   c. 曹丕喜欢曹植的聪明和才能。

4. 什么是七步诗？
   a. 一边走一边念的诗。
   b. 走七步停下来作诗。
   c. 在七步内作一首诗。

三、找出正確答案

Choose the correct answer

B. (1.) 曹丕跟曹植有什麼不同？

    a. 曹植(愚蠢狡猾)，曹丕聰明能干。

    (b.) 曹植心地善良，曹丕心狠毒辣。

    c. 曹植喜歡作詩，曹丕愛寫文章。

A. 2. 皇帝的兒子為什麼沒有手足情？

    (a.) 皇帝的兒子都想爭奪皇位。

    b. 皇帝的兒子都是心狠毒辣。

    c. 皇帝的兒子都會寫七步詩。

B. (3.) 曹丕聽了曹植的詩以後，為什麼多少有些慚愧？

    a. 曹丕嫉妒曹植的聰明和才能。

    (b.) 曹丕覺得殺弟弟是有些不對。

    c. 曹丕喜歡曹植的聰明和才能。

C. (4.) 什麼是七步詩？

    a. 一邊走一邊念的詩。

    b. 走七步停下來作詩。

    (c.) 在七步內作一首詩。

四、思考问题，说说你的看法
Think about the questions and talk about your perspective

1. 你觉得心地善良的曹植能不能当一个好皇帝？为什么？

2. 为什么人们把兄弟之间的感情叫做手足情？

3. 七步诗的内容对现代人们生活有什么意义？

四、思考問題，說說你的看法
Think about the questions and talk about your perspective

1. 你覺得心地善良的曹植能不能當一個好皇帝？為什麼？

2. 為什麼人們把兄弟之間的感情叫做手足情？

3. 七步詩的內容對現代人們生活有什麼意義？

八

◆ 文房四宝 ◆
◆ 文房四寶 ◆

The Four Treasures of the Study

以前中国人记事、写文章用毛笔，现在大家都用铅笔、钢笔、圆珠笔了。当然，现在也还有人用毛笔写字，但是他们用毛笔写字不再是为了记事、写文章，而是把它作为一种书法艺术来欣赏了。

什么是书法艺术？书法艺术就是用毛笔写字的艺术。懂书法艺术的人是书法家，书法家用毛笔写书法艺术品。

书法家写字离不开笔、墨、纸、砚四样东西，这四样东西也叫做"文房四宝"。因为文房四宝制作得非常精美，所以不懂书法的人也喜欢把它们摆在书房里。我们来看看文房四宝是怎么制作的。

毛笔，毛笔的笔杆是竹子做的；笔毛是用细细的羊毛、兔毛、黄鼠狼毛做的。细细的毛叫做"毫"，所以羊毛笔、兔毛笔、黄鼠狼毛笔就叫做"羊毫笔"、"兔毫笔"、"狼毫笔"。因为野兔大多是紫色的，所以兔毛笔也叫做"紫毫笔"。

以前中國人記事、寫文章用毛筆，現在大家都用鉛筆、鋼筆、圓珠筆了。當然，現在也還有人用毛筆寫字，但是他們用毛筆寫字不再是為了記事、寫文章，而是把它作為一種書法藝術來欣賞了。

什麼是書法藝術？書法藝術就是用毛筆寫字的藝術。懂書法藝術的人是書法家，書法家用毛筆寫書法藝術品。

書法家寫字離不開筆、墨、紙、硯四樣東西，這四樣東西也叫做"文房四寶"。因為文房四寶制作得非常精美，所以不懂書法的人也喜歡把它們擺在書房裡。我們來看看文房四寶是怎麼制作的。

毛筆，毛筆的筆桿是竹子做的；筆毛是用細細的羊毛、兔毛、黃鼠狼毛做的。細細的毛叫做"毫"，所以羊毛筆、兔毛筆、黃鼠狼毛筆就叫做"羊毫筆"、"兔毫筆"、"狼毫筆"。因為野兔大多是紫色的，所以兔毛筆也叫做"紫毫筆"。

墨，墨是用烟粉做的，人们把松树枝或者桐油烧成黑色的烟粉，再和上胶，然后制作成一块块的墨块。因为有的墨里放有香料，所以写出来的字有一股淡淡的香味。

砚，也叫砚台，砚台是用特殊的石头做的，上面雕刻有龙凤以及花草的图案。砚台是用来磨墨的，写字的时候先在砚台里放一些水，然后把墨块磨成墨汁。

纸，写毛笔字的纸是一种特殊的纸，它是用树皮和稻草制作的，是专门用来写毛笔字和画中国画儿的。这种纸最早是安徽宣城生产的，所以把它叫做"宣纸"。

人们都说书法家写的字是艺术品，其实，书法家写字用的文房四宝本身也是一种艺术品！

墨，墨是用烟粉做的，人們把松樹枝或者桐油燒成黑色的烟粉，再和上膠，然后制作成一塊塊的墨塊。因為有的墨裡放有香料，所以寫出來的字有一股淡淡的香味。

硯，也叫硯臺，硯臺是用特殊的石頭做的，上面雕刻有龍鳳以及花草的圖案。硯臺是用來磨墨的，寫字的時候先在硯臺裡放一些水，然后把墨塊磨成墨汁。

紙，寫毛筆字的紙是一種特殊的紙，它是用樹皮和稻草制作的，是專門用來寫毛筆字和畫中國畫兒的。這種紙最早是安徽宣城生產的，所以把它叫做"宣紙"。

人們都說書法家寫的字是藝術品，其實，書法家寫字用的文房四寶本身也是一種藝術品！

New Vocabulary

Simplified Characters	Traditional Characters	Pinyin	Part of Speech	English Definition
1. 文房四宝	文房四寶	wénfángsìbǎo	n.	the four treasures of the study (writing brush, ink stick, inkstone and paper)
2. 书法	書法	shūfǎ	n.	calligraphy
3. 艺术	藝術	yìshù	n.	artistic product
4. 欣赏	欣賞	xīnshǎng	v.	appreciate
5. 墨	墨	mò	n.	Chinese ink stick
6. 砚（砚台）	硯（硯臺）	yàn (yàntai)	n.	inkstone
7. 精美	精美	jīngměi	adj.	exquisite; elegant
8. 摆	擺	bǎi	v.	put; place
9. 细	細	xì	adj.	thin
10. 兔毛	兔毛	tùmáo	n.	rabbit hair
11. 毫	毫	háo	n.	fine long hair; writing brush

	Simplified Characters	Traditional Characters	Pinyin	Part of Speech	English Definition
12.	黄鼠狼	黃鼠狼	huángshǔláng	n.	yellow weasel
13.	野兔	野兔	yětù	n.	wild rabbit
14.	紫	紫	zǐ	adj.	purple
15.	烟粉	烟粉	yānfěn	n.	soot
16.	松树枝	松樹枝	sōngshùzhī	n.	branch of pine
17.	桐油	桐油	tóngyóu	n.	tung oil
18.	和	和	huó	v.	mix (powder) with something
19.	胶	膠	jiāo	n.	glue
20.	香料	香料	xiāngliào	n.	perfume
21.	股	股	gǔ	m.	measure word for water or air
22.	淡	淡	dàn	adj.	light
23.	磨	磨	mó	v.	rub
24.	雕刻	雕刻	diāokè	v.	carve; engrave
25.	图案	圖案	tú'àn	n.	pattern; design
26.	墨汁	墨汁	mòzhī	n.	prepared Chinese ink
27.	树皮	樹皮	shùpí	n.	bark
28.	稻草	稻草	dàocǎo	n.	rice fiber
29.	宣纸	宣紙	xuānzhǐ	n.	Xuan paper, a high quality paper
30.	本身	本身	běnshēn	n.	itself; in itself

Commonly Used Related Words and Phrases

	Simplified Characters	Traditional Characters	Pinyin	Part of Speech	English Definition
1.	毛笔	毛筆	máobǐ	n.	writing brush
2.	铅笔	鉛筆	qiānbǐ	n.	pencil
3.	钢笔	鋼筆	gāngbǐ	n.	pen; fountain pen
4.	金笔	金筆	jīnbǐ	n.	gold fountain pen
5.	圆珠笔	圓珠筆	yuánzhūbǐ	n.	ballpoint pen
6.	粉笔	粉筆	fěnbǐ	n.	chalk
7.	蜡笔	蠟筆	làbǐ	n.	wax crayon
8.	石笔	石筆	shíbǐ	n.	slate pencil
9.	炭笔	炭筆	tànbǐ	n.	charcoal pencil
10.	眉笔	眉筆	méibǐ	n.	eyebrow pencil
11.	画笔	畫筆	huàbǐ	n.	paintbrush
12.	笔毛	筆毛	bǐmáo	n.	the bristles of a Chinese writing brush
13.	笔杆	筆桿	bǐgǎn	n.	shaft of a pen
14.	笔心	筆心	bǐxīn	n.	pencil lead; pen refill; ink cartridge

	Simplified Characters	Traditional Characters	Pinyin	Part of Speech	English Definition
15.	笔帽	筆帽	bǐmào	n.	the cap of a pen
16.	笔筒	筆筒	bǐtǒng	n.	pen container; brush pot
17.	笔架	筆架	bǐjià	n.	pen rack; brush-holder
18.	卷笔刀	捲筆刀	juǎnbǐdāo	n.	pencil sharpener

一、连接意思相关的词语
Link the related words

1. 书法   四宝

2. 文房   艺术

3. 砚台   树皮

4. 墨块   石头

5. 毛笔   烟粉

6. 宣纸   羊毫

一、連接意思相關的詞語
Link the related words

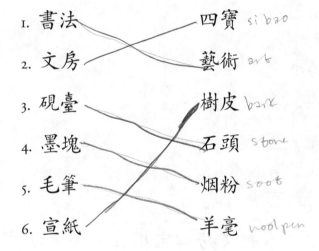

I. 書法　　　四寶 *si bao*

2. 文房　　　藝術 *art*

3. 硯臺　　　樹皮 *bark*

4. 墨塊　　　石頭 *stone*

5. 毛筆　　　烟粉 *soot*

6. 宣紙　　　羊毫 *wool pen*

二、选择合适的短语完成句子
Choose the most appropriate phrase to complete the sentence

1. 现代人用毛笔写字是
    a. 为了记一些大事情。
    b. 为了写一篇好文章。
    c. 为了写书法艺术品。

2. 文房四宝指的是
    a. 书法艺术。
    b. 铅笔钢笔。
    c. 笔墨纸砚。

3. 有的毛笔字有香味是因为
    a. 墨块里有香料。
    b. 宣纸里有香料。
    c. 毛笔里有香料。

4. 不懂书法的人把文房四宝摆在书房里，是因为
    a. 他们要写毛笔字。
    b. 文房四宝很精美。
    c. 他们要当书法家。

二、選擇合適的短語完成句子

Choose the most appropriate phrase to complete the sentence

C. 1. 現代人用毛筆寫字是
    a. 為了記一些大事情。
    b. 為了寫一篇好文章。
    (c.) 為了寫書法藝術品。

C. 2. 文房四寶指的是
    a. 書法藝術。
    b. 鉛筆鋼筆。
    (c.) 筆墨紙硯。

A. 3. 有的毛筆字有香味是因為
    (a.) 墨塊裡有香料。
    b. 宣紙裡有香料。
    c. 毛筆裡有香料。

B. 4. 不懂書法的人把文房四寶擺在書房裡，是因為
    a. 他們要寫毛筆字。
    (b.) 文房四寶很精美。
    c. 他們要當書法家。

三、找出正确答案

Choose the correct answer

....

1. 砚台和墨有什么关系？
    a. 砚台和墨都是文房的宝贝。
    b. 用砚台可以把墨磨成墨汁。
    c. 砚台和墨都是一块一块的。

2. 为什么把写书法的纸叫做"宣纸"？
    a. 因为它是用树皮稻草做的。
    b. 因为它是写书法作品的纸。
    c. 因为它是安徽宣城生产的。

3. 紫毫笔是用什么毛做的？
    a. 用野兔的毛做的。
    b. 用黄鼠狼毛做的。
    c. 用细的羊毛做的。

4. 书法艺术品是用什么写出来的？
    a. 用墨块写出来的。
    b. 用砚台写出来的。
    c. 用毛笔写出来的。

三、找出正確答案

Choose the correct answer

....

B. 1. 硯臺和墨有什麼關系?

    a. 硯臺和墨都是文房的寶貝。

    b. 用硯臺可以把墨磨成墨汁。

    c. 硯臺和墨都是一塊一塊的。

C. 2. 為什麼把寫書法的紙叫做 " 宣紙 " ?

    a. 因為它是用樹皮稻草做的。

    b. 因為它是寫書法作品的紙。

    c. 因為它是安徽宣城生產的。

A. 3. 紫毫筆是用什麼毛做的?

    a. 用野兔的毛做的。

    b. 用黃鼠狼毛做的。

    c. 用細的羊毛做的。

C. 4. 書法藝術品是用什麼寫出來的?

    a. 用墨塊寫出來的。

    b. 用硯臺寫出來的。

    c. 用毛筆寫出來的。

四、思考问题，说说你的看法
Think about the questions and talk about your perspective

1. 你用毛笔写过汉字吗？你觉得写毛笔字有什么不同？

2. 为什么现在人不用毛笔记事、写文章，而把毛笔字当作艺术来欣赏了？

3. 你们国家艺术字有什么特点？

四、思考問題，說說你的看法

Think about the questions and talk about your perspective

1. 你用毛筆寫過漢字嗎？你覺得寫毛筆字有什麼不同？

2. 為什麼現在人不用毛筆記事、寫文章，而把毛筆字當作藝術來欣賞了？

3. 你們國家藝術字有什麼特點？

九

◆ 天干地支与十二生肖 ◆
◆ 天干地支與十二生肖 ◆

Heavenly Stems, Earthly Branches, and
the Twelve Zodiac Animals

在阿拉伯数字传到中国以前，中国人是用"一、二、三、四、五、六、七、八、九、十、百、千、万"这种汉字数字来计数的。当需要记录金钱等一些重要数字时，人们还会用"壹、贰、参、肆、伍、陆、柒、捌、玖、拾、佰、仟"之类的大写汉字数字。

古时候人们计数除了用汉字数字外，也用天干和地支。天干有十个：甲、乙、丙、丁、戊、己、庚、辛、壬、癸；地支有十二个：子、丑、寅、卯、辰、巳、午、未、申、酉、戌、亥。

古人最早是把天干和地支按照顺序相配起来纪日的，从汉代开始又用它纪年了。现在中国农历还是用天干地支纪年的，例如：2007年是丁亥年，2008年是戊子年。

以前人们习惯用天干地支记重大历史事件，例如："甲午战争、戊戌变法、辛亥革命"等等。今天书画家仍然喜欢用天干地支记做画儿的年份，画家黄子琦2007年在新

在阿拉伯數字傳到中國以前，中國人是用"一、二、三、四、五、六、七、八、九、十、百、千、萬"這種漢字數字來計數的。當需要記錄金錢等一些重要數字時，人們還會用"壹、貳、參、肆、伍、陸、柒、捌、玖、拾、佰、仟"之類的大寫漢字數字。

　　古時候人們計數除了用漢字數字外，也用天干和地支。天干有十個：甲、乙、丙、丁、戊、己、庚、辛、壬、癸；地支有十二個：子、丑、寅、卯、辰、巳、午、未、申、酉、戌、亥。

　　古人最早是把天干和地支按照順序相配起來紀日的，從漢代開始又用它紀年了。現在中國農曆還是用天干地支紀年的，例如：2007年是丁亥年，2008年是戊子年。

　　以前人們習慣用天干地支記重大歷史事件，例如："甲午戰爭、戊戌變法、辛亥革命"等等。今天書畫家仍然喜歡用天干地支記做畫兒的年份，畫家黃子琦2007年在新疆画了一幅画儿，2007年是丁亥年，于是她就在画儿下面写上"黄子琦丁亥年画于新疆"。

不知道从什么时候开始，人们用鼠、牛、虎、兔、龙、蛇、马、羊、猴、鸡、狗、猪，这十二个动物代表十二个地支来记人的出生年份了。人们把代表十二地支记人出生年份的这十二个动物叫做"生肖"或者"属相"。

生肖、属相的意思是说，人是哪一年出生的，就属那一年所代表的动物。例如：1984年是甲子年，鼠代表子，那么这一年就是鼠年，这一年出生的人也就属鼠。

至于为什么人们要用鼠、牛、虎、兔这十二种动物来代表十二地支呢？这谁也说不清楚了。

疆畫了一幅畫兒，2007年是丁亥年，於是她
就在畫兒下面寫上"黃子琦丁亥年畫於新
疆"。

不知道從什么時候開始，人們用鼠、
牛、虎、兔、龍、蛇、馬、羊、猴、鷄、
狗、豬，這十二個動物代表十二個地支來記
人的出生年份了。人們把代表十二地支記人
出生年份的這十二個動物叫做"生肖"或
者"屬相"。

生肖、屬相的意思是說，人是哪一年
出生的，就屬那一年所代表的動物。例如：
1984年是甲子年，鼠代表子，那麼這一年就
是鼠年，這一年出生的人也就屬鼠。

至於為什麼人們要用鼠、牛、虎、兔這
十二種動物來代表十二地支呢？這誰也說不
清楚了。

	Simplified Characters	Traditional Characters	Pinyin	Part of Speech	English Definition
1.	天干	天干	tiāngān	*n.*	the ten Heavenly Stems, traditional terms used as serial numbers
2.	地支	地支	dìzhī	*n.*	the twelve Earthly Branches, traditional terms used as ordinal numbers
3.	生肖	生肖	shēngxiào	*n.*	the twelve symbolic animals, representing the twelve Earthly Branches, used to symbolize the year in which a person is born
4.	阿拉伯	阿拉伯	ālābó	*prn.*	Arabic
5.	数字	數字	shùzì	*n.*	numeral; digit
6.	传	傳	chuán	*v.*	pass; pass on; hand down
7.	计数	計數	jìshù	*v.*	count

Simplified Characters	Traditional Characters	Pinyin	Part of Speech	English Definition
8. 需要	需要	xūyào	*v.*	need; want
9. 记录	記錄	jìlù	*v.*	record
10. 金钱	金錢	jīnqián	*n.*	money
11. 之类	之類	zhīlèi	*ce.*	and the like
12. 大写	大寫	dàxiě	*n.*	the "capital" form of a Chinese numeral, used on official documents, banknotes, etc.
13. 顺序	順序	shùnxù	*n.*	order; sequence
14. 相配	相配	xiāngpèi	*v.*	pair off; group together
15. 纪日	紀日	jìrì	*vo.*	count/number the days
16. 纪年	紀年	jìnián	*vo.*	count/number the years
17. 农历	農曆	nónglì	*n.*	the traditional Chinese calendar; the lunar calendar
18. 重大	重大	zhòngdà	*adj.*	major; significant
19. 事件	事件	shìjiàn	*n.*	incident; event
20. 甲午战争	甲午戰爭	jiǎwǔ zhànzhēng	*prn.*	the Sino-Japanese War of 1894–1895

	Simplified Characters	Traditional Characters	Pinyin	Part of Speech	English Definition
21.	戊戌变法	戊戌變法	wùxū biànfǎ	*prn.*	the Reform Movement of 1898
22.	辛亥革命	辛亥革命	xīnhài gémìng	*prn.*	the Revolution of 1911
23.	书画家	書畫家	shūhuàjiā	*n.*	painter and calligrapher
24.	仍然	仍然	réngrán	*adv.*	still; yet
25.	年份	年份	niánfèn	*n.*	a particular year
26.	黄子琦	黃子琦	Huángzǐqí	*prn.*	name of a painter
27.	动物	動物	dòngwù	*n.*	animal
28.	属相	屬相	shǔxiàng	*n.*	synonym for 生肖
29.	属	屬	shǔ	*n.*	one's year of birth as marked by 属相
30.	至于	至於	zhìyú	*conj.*	regarding; with regard to

♦ 常用的有关数字和天干地支的词语 ♦
♦ 常用的有關數字和天干地支的詞語 ♦

Commonly Used Related Words and Phrases

♦ 数字表 ♦
♦ 數字表 ♦

一	二	三	四	五	六	七	八	九	十	百	千	万	亿
壹	贰	叁	肆	伍	陆	柒	捌	玖	拾	佰	仟	萬	億
yī	èr	sān	sì	wǔ	liù	qī	bā	jiǔ	shí	bǎi	qiān	wàn	yì

♦ 天干表 ♦
♦ 天干表 ♦

甲	乙	丙	丁	戊	己	庚	辛	壬	癸
jiǎ	yǐ	bǐng	dīng	wù	jǐ	gēng	xīn	rén	guǐ

♦ 地支表 ♦
♦ 地支表 ♦

子	丑	寅	卯	辰	巳	午	未	申	酉	戌	亥
zǐ	chǒu	yín	mǎo	chén	sì	wǔ	wèi	shēn	yǒu	xū	hài

甲子	乙丑	丙寅	丁卯	戊辰	己巳	庚午	辛未	壬申	癸酉
甲戌	乙亥	丙子	丁丑	戊寅	己卯	庚辰	辛巳	壬午	癸未
甲申	乙酉	丙戌	丁亥	戊子	己丑	庚寅	辛卯	壬辰	癸巳
甲午	乙未	丙申	丁酉	戊戌	己亥	庚子	辛丑	壬寅	癸卯
甲辰	乙巳	丙午	丁未	戊申	己酉	庚戌	辛亥	壬子	癸丑
甲寅	乙卯	丙辰	丁巳	戊午	己未	庚申	辛酉	壬戌	癸亥

✦ 地支与十二生肖表 ✦
✦ 地支與十二生肖表 ✦

子	丑	寅	卯	辰	巳	午	未	申	酉	戌	亥
鼠	牛	虎	兔	龙	蛇	马	羊	猴	鸡	狗	猪
鼠	牛	虎	兔	龍	蛇	馬	羊	猴	鷄	狗	豬
shǔ	niú	hǔ	tù	lóng	shé	mǎ	yáng	hóu	jī	gǒu	zhū

<table>
<tr><td colspan="1" align="center">练习</td></tr>
<tr><td align="center">Exercises</td></tr>
</table>

一、连接动物和它所代表的地支
Link the related words

子 丑 寅 卯 辰 巳 午 未 申 酉 戌 亥

鸡 狗 羊 鼠 兔 蛇 龙 虎 猪 马 牛 猴

二、选择合适的短语完成句子
Choose the most appropriate phrase to complete the sentence

1. 古代中国人主要用
   a. 阿拉伯数字计数。
   b. 天干地支来计数。
   c. 汉字数字来计数。

2. 现在中国农历是用
   a. 阿拉伯数字记年。
   b. 天干地支来记年。
   c. 汉字数字来记年。

一、連接動物和它所代表的地支
Link the related words

子　丑　寅　卯　辰　巳　午　未　申　酉　戌　亥

雞　狗　羊　鼠　兔　蛇　龍　虎　豬　馬　牛　猴

二、選擇合適的短語完成句子
Choose the most appropriate phrase to complete the sentence

1. 古代中國人主要用
   a. 阿拉伯數字計數。
   b. 天干地支來計數。
   c. 漢字數字來計數。

2. 現在中國農曆是用
   a. 阿拉伯數字記年。
   b. 天干地支來記年。
   c. 漢字數字來記年。

3. 现在在中国
    a. 人们还用天干地支记年。
    b. 人们用阿拉伯数字计年。
    c. 人们常常用汉字来记年。

4. "十二生肖"或者"十二属相"是
    a. 人们用十二个动物记人出生的年份的。
    b. 人们用十二个动物记一年有几个月的。
    c. 人们用十二个动物记历史重大事件的。

三、找出正确答案
Choose the correct answer

1. 以前中国人用几种方法计数？
    a. 两种。
    b. 三种。
    c. 四种。

2. 人们现在还用天干地支做什么？
    a. 用天干地支记重要的钱数。
    b. 用天干地支记人出生年月。
    c. 用天干地支记做画的年份。

3. 現在在中國
    a. 人們還用天干地支記年。
    b. 人們用阿拉伯數字計年。
    c. 人們常常用漢字來記年。

4. "十二生肖"或者"十二屬相"是
    a. 人們用十二個動物記人出生的年份的。
    b. 人們用十二個動物記一年有幾個月的。
    c. 人們用十二個動物記歷史重大事件的。

三、找出正確答案
Choose the correct answer

1. 以前中國人用幾種方法計數？
    a. 兩種。
    b. 三種。
    c. 四種。

2. 人們現在還用天干地支做什麼？
    a. 用天干地支記重要的錢數。
    b. 用天干地支記人出生年月。
    c. 用天干地支記做畫的年份。

3. "十二生肖"跟天干地支有什么关系？
   a. 十二个生肖代表十二个天干。
   b. 十二个生肖代表十二个动物。
   c. 十二个生肖代表十二个地支。

4. 十二个生肖跟什么有关系？
   a. 十二个生肖跟动物大小有关系。
   b. 十二个生肖跟出生年份有关系。
   c. 十二个生肖跟重大事件有关系。

四、思考问题，说说你的看法
Think about the questions and talk about your perspective

1. 除了天干地支以外，世界上还有什么传统的计数或计年的方法？

2. 你听说过为什么用鼠、牛、虎这十二种动物代表十二地支的故事吗？

3. 你知道你是属什么的吗？你的家人属什么呢？

3. "十二生肖"跟天干地支有什麼關系？
   a. 十二個生肖代表十二個天干。
   b. 十二個生肖代表十二個動物。
   c. 十二個生肖代表十二個地支。

4. 十二個生肖跟什麼有關系？
   a. 十二個生肖跟動物大小有關系。
   b. 十二個生肖跟出生年份有關系。
   c. 十二個生肖跟重大事件有關系。

四、思考問題，説説你的看法
Think about the questions and talk about your perspective

1. 除了天干地支以外，世界上還有什麼傳統的計數和計年的方法？

2. 你聽説過為什麼用鼠、牛、虎這十二種動物代表十二地支的故事嗎？

3. 你知道你是屬什麼的嗎？你的家人屬什麼呢？

十

◆ 皇宫和民居 ◆
◆ 皇宫和民居 ◆

Palaces and Common Residences

远古时期人们是住在山洞里的，大约在八九千年以前，人们才开始建造一些简陋的房屋。

建造房屋本来是遮风雨、避野兽的，可是随着社会的进步，经济的发展，房屋渐渐地成了一种生活的享受，许多房屋建造得越来越大，越来越漂亮。

世界上最漂亮的房屋是皇帝的宫殿，例如：中国的故宫，英国的白金汉宫，法国的凡尔赛宫，俄国的克里姆林宫以及西班牙皇宫等等，这些皇宫一个个都建造得富丽堂皇、雄伟壮观。

从艺术的角度来看，皇宫凝聚了能工巧匠的智慧、凝聚了建筑艺术的精华，一座皇宫就是一件精致的艺术品；从历史的角度来看，皇宫记录了皇族的兴衰、记录了朝代的更替，一座皇宫就是一座历史博物馆。

其实，不只是皇宫，许多建造风格独特的民居也是一件艺术品，也是一座博物馆。这不，去北京旅游的人，不管是中国人还是遠古時期人們是住在山洞裡的，大約在八九千年以前，人們才開始建造一些簡陋的房屋。

建造房屋本來是遮風雨、避野獸的，可是隨着社會的進步，經濟的發展，房屋漸漸地成了一種生活的享受，許多房屋建造得越來越大，越來越漂亮。

世界上最漂亮的房屋是皇帝的宮殿，例如：中國的故宮，英國的白金漢宮，法國的凡爾賽宮，俄國的克里姆林宮以及西班牙皇宮等等，這些皇宮一個個都建造得富麗堂皇、雄偉壯觀。

從藝術的角度來看，皇宮凝聚了能工巧匠的智慧、凝聚了建築藝術的精華，一座皇宮就是一件精致的藝術品；從歷史的角度來看，皇宮記錄了皇族的興衰、記錄了朝代的更替，一座皇宮就是一座歷史博物館。

其實，不只是皇宮，許多建造風格獨特的民居也是一件藝術品，也是一座博物館。這不，去北京旅游的人，不管是中國人還是外国人，他们在参观完皇帝住过的故宫以后，还一定要去看看老百姓住的四合院。

　　中国历史悠久，土地辽阔，不同的地方有着不同式样、不同风格的民居。例如：北京的四合院，上海的石窟门，福建的客家土楼，山西的乔家大院，以及陕北的窑洞等等。这些民居表现出了一种独特的建筑艺术；保留了一段灿烂的历史文化；展示了一片浓郁的风土人情。

　　美国的民俗学家为了让美国人能够真实地感受中国的民居，前几年他们不远万里地把中国安徽农村的一栋两百多年的房子——荫余堂，原封不动地搬进了美国麻州琵琶迪艾塞克斯博物馆。

外國人，他們在參觀完皇帝住過的故宮以後，還一定要去看看老百姓住的四合院。

中國歷史悠久，土地遼闊，不同的地方有着不同式樣、不同風格的民居。例如：北京的四合院，上海的石窟門，福建的客家土樓，山西的喬家大院，以及陝北的窰洞等等。這些民居表現出了一種獨特的建築藝術；保留了一段燦爛的歷史文化；展示了一片濃鬱的風土人情。

美國的民俗學家為了讓美國人能够真實地感受中國的民居，前幾年他們不遠萬里地把中國安徽農村的一棟兩百多年的房子——蔭餘堂，原封不動地搬進了美國麻州琵琶迪艾塞克斯博物館。

New Vocabulary

	Simplified Characters	Traditional Characters	Pinyin	Part of Speech	English Definition
1.	远古	遠古	yuǎngǔ	*n.*	remote antiquity
2.	建造	建造	jiànzào	*v.*	build
3.	简陋	簡陋	jiǎnlòu	*adj.*	simple and crude
4.	遮	遮	zhē	*v.*	block; keep out
5.	避	避	bì	*v.*	avoid; keep away
6.	野兽	野獸	yěshòu	*n.*	wild animal
7.	享受	享受	xiǎngshòu	*n.*	enjoy; enjoyment
8.	富丽堂皇	富麗堂皇	fùlìtánghuáng	*id.*	sumptuous; splendid
9.	雄伟壮观	雄偉壯觀	xióngwěi zhuàngguān	*id.*	grand; magnificent
10.	角度	角度	jiǎodù	*n.*	point of view
11.	凝聚	凝聚	níngjù	*v.*	concentrate; accumulate
12.	能工巧匠	能工巧匠	nénggōng qiǎojiàng	*id.*	skillful craftsman

Simplified Characters	Traditional Characters	Pinyin	Part of Speech	English Definition
13. 智慧	智慧	zhìhuì	adj.	brightness; sapience; wisdom
14. 建筑	建築	jiànzhù	n.	build; architecture
15. 精华	精華	jīnghuá	n.	essence
16. 精致	精緻	jīngzhì	adj.	fine; delicate
17. 皇族	皇族	huángzú	n.	people of imperial lineage
18. 兴衰	興衰	xīngshuāi	v.	rise and decline; rise and fall
19. 更替	更替	gēngtì	v.	replace
20. 式样	式樣	shìyàng	n.	style; type; model
21. 风格	風格	fēnggé	n.	style
22. 表现	表現	biǎoxiàn	v.	show; display; manifest
23. 保留	保留	bǎoliú	v.	continue to have; retain
24. 灿烂	燦爛	cànlàn	adj.	magnificent; splendid; resplendent
25. 展示	展示	zhǎnshì	v.	reveal; show; lay bare
26. 浓郁	濃鬱	nóngyù	adj.	strong; rich

Simplified Characters	Traditional Characters	Pinyin	Part of Speech	English Definition
27. 风土人情	風土人情	fēngtǔrénqíng	id.	local conditions and customs
28. 民俗学家	民俗學家	mínsúxuéjiā	n.	specialist in folklore
29. 不远万里	不遠萬里	bùyuǎnwànlǐ	id.	without regarding a thousand miles as very distant—take the trouble of traveling a long distance
30. 原封不动	原封不動	yuánfēngbùdòng	id.	be left intact; remain unbroken

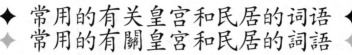

Commonly Used Related Words and Phrases

Simplified Characters	Traditional Characters	Pinyin	Part of Speech	English Definition
1. 皇宫	皇宮	huánggōng	n.	(imperial) palace
2. 宫殿	宮殿	gōngdiàn	n.	palace
3. 中国故宫	中國故宮	Zhōngguó gùgōng	prn.	China's Imperial Palace
4. 英国 白金汉宫	英國 白金漢宮	Yīngguó Báijīnhàn gōng	prn.	England's Buckingham Palace
5. 法国 凡尔赛宫	法國 凡爾賽宮	Fǎguó Fáněrsài gōng	prn.	France's Versailles
6. 俄国克 里姆林宫	俄國克 里姆林宮	Éguó Kèlǐmǔlín gōng	prn.	Russia's Kremlin
7. 西班牙 皇宫	西班牙 皇宮	Xībānyá huánggōng	prn.	Spain's Royal Palace
8. 民居	民居	mínjū	n.	residence house

Simplified Characters	Traditional Characters	Pinyin	Part of Speech	English Definition
9. 山洞	山洞	shāndòng	n.	cave
10. 北京四合院	北京四合院	Běijīng sìhéyuàn	n.	a compound with houses around a courtyard in the traditional Beijing style
11. 上海石窟门	上海石窟門	Shànghǎi shíkūmén	n.	"stone gate" style of architecture, traditional in Shanghai
12. 福建客家土楼	福建客家土樓	Fújiàn Kèjiā tǔlǒu	n.	traditional round earthen houses built by Hakka people in Fujian
13. 山西乔家大院	山西喬家大院	Shānxī Qiáojiā dàyuàn	prn.	the Qiaojia Courtyard, a renowned example of traditional residential architecture located in Shanxi province

Simplified Characters	Traditional Characters	Pinyin	Part of Speech	English Definition
14. 陕北窑洞	陝北窰洞	Shǎnběi yáodòng	*prn.*	cave houses in Shanbei (Shaanxi province)
15. 麻州	麻州	Mázhōu	*prn.*	Massachusetts
16. 琵琶迪艾塞克斯博物馆	琵琶迪艾塞克斯博物館	Pípadí Àisàikèsī bówùguǎn	*prn.*	the Peabody Essex Museum (in Salem, Mass.)

一、连接意思相关的词语

Link the related words

....

1. 富丽   万里

2. 雄伟   巧匠

3. 历史   物博

4. 不远   壮观

5. 地大   悠久

6. 能工   堂皇

練習

Exercises

一、連接意思相關的詞語

Link the related words

....

1. 富麗   萬里

2. 雄偉   巧匠

3. 歷史   物博

4. 不遠   壯觀

5. 地大   悠久

6. 能工   堂皇

二、选择合适的短语完成句子

Choose the most appropriate phrase to complete the sentence

1. 人们最早建造房屋是为了
   a. 生活享受。
   b. 遮蔽风雨。
   c. 欣赏艺术。

2. 从艺术的角度来看，皇宫
   a. 凝聚了社会变化的情况。
   b. 凝聚了朝代更替的历史。
   c. 凝聚了建筑艺术的精华。

3. 从文化的角度来看，民居
   a. 表现了当地的风土人情。
   b. 表现了皇族的兴衰历史。
   c. 表现了中国各地的方言。

4. 把中国两百多年前的房屋搬到美国博物馆来，是为了
   a. 让美国人看中国历史和朝代兴衰。
   b. 让美国人了解中国人的生活文化。
   c. 让美国人真实地感受中国的民居。

二、 選擇合適的短語完成句子
Choose the most appropriate phrase to complete the sentence

1. 人們最早建造房屋是為了
   a. 生活享受。
   b. 遮蔽風雨。
   c. 欣賞藝術。

2. 從藝術的角度來看，皇宮
   a. 凝聚了社會變化的情況。
   b. 凝聚了朝代更替的歷史。
   c. 凝聚了建築藝術的精華。

3. 從文化的角度來看，民居
   a. 表現了當地的風土人情。
   b. 表現了皇族的興衰歷史。
   c. 表現了中國各地的方言。

4. 把中國兩百多年前的房屋搬到美國博物館來，是為了
   a. 讓美國人看中國歷史和朝代興衰。
   b. 讓美國人了解中國人的生活文化。
   c. 讓美國人真實地感受中國的民居。

三、找出正确答案
Choose the correct answer

....

1. 为什么人们把房屋建造得越来越大，越来越漂亮？

   a. 为了遮风雨和避野兽。

   b. 为了更好的享受生活。

   c. 为了保留历史的变化。

2. 为什么说皇宫是历史博物馆？

   a. 因为皇宫建造得富丽堂皇。

   b. 因为皇宫的建造风格独特。

   c. 因为皇宫记录朝代的更替。

3. 远古的时候人们住在哪里？

   a. 住在山洞里。

   b. 住在大树上。

   c. 住在皇宫里。

4. 人们为什么要参观民居？

   a. 想了解老百姓的工作学习。

   b. 想了解老百姓的独生子女。

   c. 想了解老百姓生活的历史。

三、找出正確答案
Choose the correct answer

1. 為什麼人們把房屋建造得越來越大，越來越漂亮？
   a. 為了遮風雨和避野獸。
   b. 為了更好的享受生活。
   c. 為了保留歷史的變化。

2. 為什麼說皇宮是歷史博物館？
   a. 因為皇宮建造得富麗堂皇。
   b. 因為皇宮的建造風格獨特。
   c. 因為皇宮記錄朝代的更替。

3. 遠古的時候人們住在哪裡？
   a. 住在山洞裡。
   b. 住在大樹上。
   c. 住在皇宮裡。

4. 人們為什麼要參觀民居？
   a. 想了解老百姓的工作學習。
   b. 想了解老百姓的獨生子女。
   c. 想了解老百姓生活的歷史。

四、思考问题，说说你的看法
Think about the questions and talk about your perspective

1. 皇宫和民居有哪些不同？

2. 为什么去北京旅游的人参观皇宫也要参观民居？

3. 你们国家的民居有哪些特点？

四、思考問題，說說你的看法
Think about the questions and talk about your perspective

1. 皇宮和民居有哪些不同？

2. 為什麼去北京旅游的人參觀皇宮也要參觀民居？

3. 你們國家的民居有哪些特點？

◆ 附录一 拼音课文 ◆

Appendix 1 Texts with Pinyin

月亮总是美好的
yuè liang zǒng shì měi hǎo de

中国人特别喜欢月亮，
zhōng guó rén tè bié xǐ huān yuè liang,

中国有许多关于月亮的传
zhōng guó yǒu xǔ duō guān yú yuè liang de chuán

说，例如："嫦娥奔月"、"吴刚伐树"、
shuō, lì rú: "cháng é bēn yuè"、"wú gāng fá shù"、

"玉兔捣药"等等。
"yù tù dǎo yào" děng děng.

"吴刚伐树"是说吴刚学
"wú gāng fá shù" shì shuō wú gāng xué

习的时候犯了错误，上帝罚
xí de shí hou fàn le cuò wù, shàng dì fá

他到月宫里砍伐桂花树。"玉
tā dào yuè gōng li kǎn fá guì huā shù. "yù

兔捣药"是说玉兔为了帮助
tù dǎo yào" shì shuō yù tù wèi le bāng zhù

嫦娥回到人间，每天都在精
cháng é huí dào rén jiān, měi tiān dōu zài jīng

心地制作能够回到人间的
xīn de zhì zuò néng gòu huí dào rén jiān de

新药。中国不但有关于月亮
xīn yào. zhōng guó bú dàn yǒu guān yú yuè liang

的传说，而且还有月亮节
de chuán shuō, ér qiě hái yǒu yuè liang jié

日。月亮节日有两个：一个
rì. yuè liang jié rì yǒu liǎng gè: yī gè

是元月十五的元宵节；一个
shì yuán yuè shí wǔ de yuán xiāo jié; yī gè

是八月十五的中秋节。
shì bā yuè shí wǔ de zhōng qiū jié.

元月十五，是新年的第一个月圆的晚上。这天晚上，家家户户吃元宵、点灯笼。为什么要点灯笼和明亮的月亮呢？因为正月十五这天叫做元宵节。

元宵圆圆的，就像天上的月亮。人们把这一天叫做元宵节，也叫灯节。

月亮每年要圆十二回。八月十五的月亮最圆、最亮，正好是秋天的中间，所以把这一天叫做中秋节。

过中秋节的时候，人们吃月饼。月饼圆圆的，象征着团团圆圆。中国人觉得月亮最亮、最圆，一家人团团圆圆，吃月饼、吃元宵。

是家人团圆的节日，所以中秋节也叫团圆节。这一天，在外地学习和工作的人，不管离家多远，都要回家和家人团聚。

中国人喜欢月亮，因为月亮永远是美好的。人们高兴的时候，望着月亮吟诗、唱歌；人们伤心的时候，对着月亮诉说心中的烦恼；人们睡不着觉的时候，静静地望着月亮，回想童年的往事，想念远方的亲友。

其实，无论月亮是圆圆的，还是弯弯的月牙，她都会给人们带来一片思念，一种快乐，一份寄托。月，给人们寄托着一片思念……

二

环　境　的　影　响
huán　jìng　de　yǐng　xiǎng

环境的好坏，对小孩子成长有很大的影响。做父母的，都希望自己的孩子生活在一个好的环境里，希望孩子长大以后，成为一个有出息、有成就的人。现在这样，古人也是这样。

古代有一个人叫孟子，孟子很有学问，他和孔子一样有名，人们把孔子叫做圣人，把孟子叫做亚圣。

其实，孟子小时候，和普通的孩子一样，没有什么特别的，只是孟子的妈妈很会教(jiào)育(yù)孩(hái)子(zi)，她(tā)认(rèn)为(wéi)环(huán)境(jìng)对(duì)孩(hái)子(zi)的(de)影(yǐng)响(xiǎng)很(hěn)重(zhòng)要(yào)。

孟(mèng)子(zǐ)小(xiǎo)时(shí)候(hou)，他(tā)们(men)家(jiā)住(zhù)在(zài)一(yī)个(gè)墓(mù)地(dì)的(de)旁(páng)边(biān)。因(yīn)为(wèi)孟(mèng)子(zǐ)和(hé)小(xiǎo)朋(péng)友(yǒu)们(men)每(měi)天(tiān)看(kàn)到(dào)的(de)都(dōu)是(shì)人(rén)们(men)在(zài)墓(mù)地(dì)里(li)哭(kū)哭(kū)啼(tí)啼(tí)地(de)埋(mái)葬(zàng)死(sǐ)人(rén)的(de)事(shì)情(qing)，所(suǒ)以(yǐ)他(tā)们(men)玩(wán)的(de)也(yě)都(dōu)是(shì)那(nà)些(xiē)哭(kū)哭(kū)啼(tí)啼(tí)地(de)埋(mái)葬(zàng)死(sǐ)人(rén)的(de)游(yóu)戏(xì)。孟(mèng)子(zǐ)的(de)妈(mā)妈(ma)觉(jué)得(de)那(nà)种(zhǒng)环(huán)境(jìng)对(duì)孩(hái)子(zi)的(de)影(yǐng)响(xiǎng)不(bù)好(hǎo)，就(jiù)把(bǎ)家(jiā)搬(bān)到(dào)了(le)一(yī)个(gè)离(lí)墓(mù)地(dì)很(hěn)远(yuǎn)很(hěn)远(yuǎn)的(de)地(dì)方(fang)。

新(xīn)家(jiā)虽(suī)然(rán)离(lí)墓(mù)地(dì)远(yuǎn)了(le)，可(kě)是(shì)附(fù)近(jìn)又(yòu)有(yǒu)一(yī)个(gè)市(shì)场(cháng)。过(guò)了(le)不(bù)久(jiǔ)，孟(mèng)子(zǐ)的(de)妈(mā)妈(ma)发(fā)现(xiàn)孟(mèng)子(zǐ)和(hé)小(xiǎo)朋(péng)友(yǒu)们(men)玩(wán)的(de)都(dōu)是(shì)从(cóng)市(shì)场(cháng)上(shang)学(xué)来(lái)的(de)那(nà)些(xiē)叫(jiào)卖(mài)啊(a)、吹(chuī)嘘(xū)啊(a)、讨(tǎo)价(jià)还(huán)价(jià)的(de)游(yóu)戏(xì)。孟(mèng)

…孟子妈妈觉得这种环境对孩子的影响也不好，于是她又搬家了。

这一次，他们把家搬到一个学校附近。时间长了，孟子和小朋友们玩起了读书、学习的游戏。

由于学校里老师、学生们说话很有礼貌，孟子也渐渐变得有礼貌。他喜欢模仿学生们说话、言谈、走路、举止的样子。

孟子妈妈觉得这种环境很好，于是就住下来了。

人们把"孟子的妈妈三次搬家"叫做"孟母三迁"。

"孟母三迁"成为一个有名的故事，它说明了孟子从小所处的环境跟他的成长很有关系，环境对一个人的成长有很大的关系。

三

东西和东西
dōng xī hé dōng xi

什么是"东西"？"东西"就是东边和西边。比如，说：东边；太阳升起的地方，是东边；太阳落下去的地方，是西边。中国、日本、韩国在地球的东边，美国、英国、法国在地球的西边。

什么是"东西"？"东西"就是各种各样的事物。比如说：面包、苹果、香蕉是吃的东西；牛奶、果汁、可乐是喝的东西；大衣、裤子、球鞋是穿的东西；书包、铅笔、计算机是用的东西；飞盘、足球、吉他是玩的东西。东西和东西，字一样，拼音一样，可是意思不一样。

意思不一样的字为什么要写成一样的呢？为什么把买东西的东西写成东西南北的东西呢？古书上说它来源于一个有趣的传说。宋朝的时候，有一天，有个人提着竹篮子到市场上去买货物。在路上他碰见一位朋友，朋友问他："你提篮子去做什么啊？"他说："我去买东西。"朋友觉得很奇怪，就问他说："你去买东西？你为什么不说去买南北呢？"他回答说："中国古代有一种学说叫做'五行'。五行上说，宇宙间所有的东西都是从'金、木、火、水、土'这五种最基本的物质中产生出来的。古人又用东、西、南、北、中这五个方位来代表金、木、火、水、土这五种(zhǒng)物(wù)质(zhì)。"他(tā)接(jiē)着(zhe)说(shuō)："你(nǐ)看(kàn)，我(wǒ)的(de)篮(lán)子(zi)是(shì)用(yòng)竹(zhú)子(zi)做(zuò)的(de)，竹(zhú)篮(lán)子(zi)里(lǐ)面(mian)不(bù)能(néng)装(zhuāng)火(huǒ)和(hé)水(shuǐ)，只(zhǐ)能(néng)装(zhuāng)金(jīn)和(hé)木(mù)，所(suǒ)以(yǐ)我(wǒ)不(bù)能(néng)说(shuō)去(qù)买(mǎi)代(dài)表(biǎo)火(huǒ)和(hé)水(shuǐ)的(de)南(nán)北(běi)，只(zhǐ)能(néng)说(shuō)去(qù)买(mǎi)代(dài)表(biǎo)金(jīn)和(hé)木(mù)的(de)东(dōng)西(xī)。"

后(hòu)来(lái)，人(rén)们(men)为(wèi)了(le)区(qū)别(bié)两(liǎng)个(gè)"东(dōng)西(xī)"所(suǒ)代(dài)表(biǎo)的(de)不(bù)同(tóng)的(de)意(yì)思(si)，就(jiù)把(bǎ)表(biǎo)示(shì)东(dōng)西(xī)南(nán)北(běi)的(de)"西(xī)"念(niàn)第(dì)一(yī)声(shēng)；把(bǎ)表(biǎo)示(shì)物(wù)品(pǐn)东(dōng)西(xi)的(de)"西(xi)"念(niàn)轻(qīng)声(shēng)。

四

古 人 很 愚 蠢 吗?
gǔ rén hěn yú chǔn ma

中国古代有很多寓言，寓言里讲的大都是聪明人做聪明事，但是也有做一些愚蠢事的愚人。下面讲的"画蛇添足"、"南辕北辙"、"杞人忧天"就是愚蠢人做愚蠢事情的故事。

杞国有一个人担心天会塌下来，他吃不下饭，睡不着觉。朋友担心他，于是劝他，说："天不会塌下来。天是由气组成的……"

听了朋友的话以后，才放下心来。

"画蛇添足"是说有几个人比赛画蛇，先画完的人可以得到一壶酒。一个人画好了蛇，拿起酒正要喝的时候，看到其他人还没有画完，他觉得自己很能干，又给蛇画上四只脚。另外一个人画完了蛇，拿起酒说着："蛇本来没有脚，你怎么能给它添脚呢？"说着，他就把酒喝了。那个给蛇添脚的人，蛇脚画完了，酒拿走了。

"南辕北辙"是说一个人走，他向北的方向跑。一个朋友走过去告诉他："你要去南方，可是朝北方跑，你走错了方向。"他说："我的马跑得快。"朋友说："你的马跑得快，可是这不是去南方的方向，你向北方跑，离南方越远。"他的朋友说得对，他要去的方向错了，朋友说的快，朋友说的对。

你(nǐ)的(de)马(mǎ)跑(pǎo)得(de)越(yuè)快(kuài)，你(nǐ)的(de)路(lù)费(fèi)越(yuè)多(duō)，你(nǐ)的(de)马(mǎ)夫(fū)越(yuè)好(hǎo)，你(nǐ)要(yào)去(qù)的(de)地(dì)方(fang)越(yuè)好(hǎo)，你(nǐ)离(lí)最(zuì)后(hòu)越(yuè)远(yuǎn)。"

这(zhè)是(shì)一(yī)些(xiē)小(xiǎo)故(gù)事(shì)，每(měi)一(yī)个(gè)寓(yù)言(yán)都(dōu)是(shì)要(yào)告(gào)诉(sù)人(rén)们(men)一(yī)个(gè)道(dào)理(lǐ)。寓(yù)言(yán)的(de)意(yì)义(yì)都(dōu)告(gào)诉(sù)人(rén)们(men)什(shén)么(me)呢(ne)？这(zhè)就(jiù)是(shì)寓(yù)言(yán)。

教(jiào)人(rén)很(hěn)愚(yú)蠢(chǔn)的(de)面(miàn)，告(gào)诉(sù)古(gǔ)人(yú)，有(yǒu)一(yī)个(gè)道(dào)理(lǐ)。具(jù)体(tǐ)说(shuō)，你(nǐ)要(yào)说(shuō)的(de)那(nà)些(xiē)故(gù)事(shì)是(shì)不(bú)说(shuō)就(jiù)明(míng)白(bái)的(de)。

当(dāng)然(rán)，从(cóng)言(yán)情(qíng)反(fǎn)过(guò)来(li)里(lǐ)，是(shì)言(yán)像(xiàng)的(de)不(bú)要(yào)为(wèi)"画(huà)蛇(shé)添(tiān)足(zú)"，"杞(Qǐ)人(rén)忧(yōu)天(tiān)"面(miàn)的(de)人(rén)必(bì)要(yào)告(gào)诉(sù)事(shì)情(qíng)清(qīng)楚(chǔ)地(dì)做(zuò)。

是(shì)寓(yù)言(yán)事(shì)情(qíng)，蛇(shé)必(bì)要(yào)添(tiān)上(shàng)足(zú)，我(wǒ)们(men)看(kàn)清(qīng)楚(chǔ)目(mù)的(dì)地(dì)。

这(zhè)是(shì)教(jiào)人(rén)"南(nán)辕(yuán)北(běi)辙(zhé)"的(de)故(gù)事(shì)们(men)，时(shí)候(hòu)看(kàn)清(qīng)楚(chǔ)；"育(yù)那(nà)天(tiān)"育(yù)那(nà)天(tiān)的(de)看(kàn)；"南(nán)的(de)看(kàn)"，三(sān)家(jiā)做(zuò)诉(sù)情(qíng)。

三(sān)大(dà)样(yàng)，告(gào)诉(sù)情(qíng)不(bú)北(běi)候(hòu)楚(chǔ)，个(gè)不(bú)愚(yú)我(wǒ)担(dān)要(yào)辙(zhé)一(yī)自(zì)；寓(yù)要(yào)蠢(chǔn)们(men)心(xīn)做(zuò)告(gào)定(dìng)己(jǐ)告(gào)定(dìng)己(jǐ)。

五

普通话和地方话
pǔ tōng huà hé dì fāng huà

在中国旅行时，你会发现中国东、南、西、北、中不同地方的人说的话很不一样。即使是北京、西安、上海、广州这些大城市的人，他们说的话也不一样。北京人说话大部份你都能听懂，西安人说话你能听懂其中的一部份，可是上海人说话你就很难听懂了，到了广州，广州人说话恐怕你一点儿都听不懂。为什么大家都是中国人，大家说的也都是中文，同地方的人说的话却不一样呢？这是因为中国的历史……

zài zhōng guó lǚ xíng shí, nǐ huì fā xiàn zhōng guó dōng、nán、xī、běi、zhōng bù tóng dì fāng de rén shuō de huà hěn bù yī yàng. jí shǐ shì běi jīng、xī ān、shàng hǎi、guǎng zhōu zhè xiē dà chéng shì de rén, tā men shuō de huà yě bù yī yàng. běi jīng rén shuō huà dà bù fèn nǐ dōu néng tīng dǒng, xī ān rén shuō huà nǐ néng tīng dǒng qí zhōng de yī bù fèn, kě shì shàng hǎi rén shuō huà nǐ jiù hěn nán tīng dǒng le, dào le guǎng zhōu, guǎng zhōu rén shuō huà kǒng pà nǐ yī diǎn er dōu tīng bù dǒng. wèi shén me dà jiā dōu shì zhōng guó rén, dà jiā shuō de yě dōu shì zhōng wén, tóng dì fāng de rén shuō de huà què bù yī yàng ne? zhè shì yīn wèi zhōng guó de lì shǐ……

悠久，土地辽阔，可是在很久以前，中国的交通却很不发达，各地的相互之间不经常来往，很多年以后，不同地方的人说的话就有了独特的语音、语调，甚至有独特的词汇和语法，这种具有独特地方口音的话就叫做"地方话"，也叫做"方言"。

中国有多少方言呢？如果从大的方面来划分，主要有广东、福建、湖南、上海、江西等八个大方言。如果按照小的方面来划分，就会有几千种方言。方言和方言之间有很大的差别，不同方言区的人完全听不懂对方的话。

几十年来,中国政府一直在推广普通话。中国政府要求:学校里的老师、学生在学校里都要讲普通话;广播电视也要讲普通话。中国的广播电视都是普通话。小学生在学校要学说普通话,也必须和老师讲普通话。

中国各地的人讲的普通话还带有口音。学习普通话非常麻烦。无论什么人,现在都要学普通话。虽然中国地方大、方言多,但是只要学会普通话,无论到什么地方都行。旅游的人跟你说普通话,你听得懂;你也可以跟他讲普通话。有时候你可以和他说普通话,下次也可以让他跟你讲普通话。

六

阿 Q 精 神
ā　Q　jīng　shén

七十多年前，鲁迅写了一篇著名的小说，叫做《阿Q正传》。这本小说讲的是一个名叫阿Q的人。他每次受到委屈，感到难过的时候，就想办法，从精神上来安慰自己。比如说，有人打了他，他很难过，生气，于是他就对自己说："别生气，这是儿子打老子。"阿Q这样说了以后，心里就不觉得难过了，也不觉得委屈了。阿Q可不管这是不是真的，只要能让自己不难过就行了。从《阿Q正传》问世以后，人们就把这种自己欺骗自己、自己安慰自己的做法，叫"阿Q精神"。

鲁迅写《阿Q正传》是要告诉大家，不只是阿Q一个人有阿Q精神，每一个中国人，或多或少都有阿Q精神；阿Q曾经做过的事情，每一个中国人、每一个阿Q都做过。当他受到委屈、难过的时候，也会用"儿子打老子"那种精神胜利法来安慰自己；但是他不会用其他方法来安慰自己。

比如一个人丢了许多钱，他就对自己说："花钱消灾嘛！"没有这句话，他很难过，有了这句话，他就不难过了，意思是"别难过"。

白地丢掉，它已经为你消除了一个可能存在的大灾祸。他这样想了以后，心里就舒服多了。

还有一对老夫妇，辛辛苦苦养大了八个孩子，一个个都不孝顺，谁也不愿意赡养老人。老人很难过，老夫妇没有办法，只好自己安慰自己，对自己说："唉！别难过了，就当自己从来没有养过孩子吧！"

自己欺骗自己，当然不好，可是阿Q精神有时候确实可以给你一点儿精神上的安慰，可以让你从难过中解脱出来。

七
手足情和七步诗
(shǒu zú qíng hé qī bù shī)

世界上兄弟之间的感情最深，人们把兄弟比做手足，把兄弟之间的感情叫做"手足情"。

可是中国古代有一种人，兄弟之间没有感情，他们之间只有争斗和残杀。他们是谁呢？他们是皇帝的儿子。

过去一个皇帝有很多儿子，这些儿子为了争夺皇位，你争我斗、相互残杀。三国时期有一个"七步诗"的故事，讲的就是当了皇帝的哥哥要杀害弟弟的事情。

三国时期，魏国皇帝曹操有二十五个儿子。曹操最喜欢三儿子曹植和二儿子曹丕。曹植心地善良，人聪明又有才能，作诗写文章都很好；曹丕心狠毒辣，人很狡猾，却没有什么才能，作诗写文章都不如弟弟曹植。

曹操本来想让曹植继承皇位当皇帝的，可是他又觉得曹植心地太善良了，担心他将来管理不了国家，于是就让曹丕当了皇帝。

曹丕当了皇帝后，很嫉妒曹植的才能。他知道大家喜欢曹植不喜欢他，就想找机会把曹植杀死。他一天，丕对曹植说：你做错事儿了，现在你必须在走七步的时间曹植（cáo zhí）很（hěn）会（?）作（zuò）诗（shī）。哥哥（gē gē）曹丕（cáo pī）知道（zhī dào）他（tā），要（yào）杀害（shā hài）他（tā）。

曹丕（cáo pī）对曹植说（shuō）："你（nǐ）一（yī）步（bù）作（zuò）一（yī）首（shǒu）诗（shī），作（zuò）不（bù）到（dào）七（qī）步（bù）就（jiù）杀（shā）了（le）你（nǐ），如（rú）死（sǐ）。"

曹植（cáo zhí）很（hěn）伤心（shāng xīn）。他（tā）走（zǒu）了（le）几步（bù），作（zuò）了（le）一（yī）首（shǒu）诗（shī）：

> 煮（zhǔ）豆（dòu）燃（rán）豆（dòu）秆（gǎn），
> 豆（dòu）在（zài）釜（fǔ）中（zhōng）泣（qì）。
> 本（běn）是（shì）同（tóng）根（gēn）生（shēng），
> 相（xiāng）煎（jiān）何（hé）太（tài）急（jí）？

这（zhè）首（shǒu）诗（shī）的（de）意思（yì si）是（shì）：锅（guō）里（li）煮（zhǔ）豆（dòu）子（zi），烧（shāo）的（de）是（shì）豆（dòu）秆（gǎn）。豆子（dòu zi）在（zài）锅（guō）里（li）哭（kū）。本来（běn lái）是（shì）同（tóng）根（gēn）长（cháng）出（chū）来（lái）的（de）豆子（dòu zi）和（hé）豆秆（dòu gǎn），互相（hù xiāng）伤害（shāng hài），为（wèi）什么（shén me）这么（zhè me）急（jí）呢（ne）？

曹丕（cáo pī）看（kàn）了（le），好（hǎo）惊讶（jīng yà）。当（dāng）他（tā）听（tīng）到（dào）"本（běn）是（shì）同（tóng）根（gēn）生（shēng），相（xiāng）煎（jiān）何（hé）太（tài）急（jí）"这（zhè）两（liǎng）句（jù）诗（shī）时（shí），感（gǎn）到（dào）非（fēi）常（cháng）惭愧（cán kuì），又（yòu）有（yǒu）些（xiē）惭愧（cán kuì）了（le）。

八

文房四宝
wén fáng sì bǎo

以前，中国人记事、写文章，用毛笔。现在大家都用铅笔、钢笔、圆珠笔了。当然，现在也还有人用毛笔写字，但是他们用毛笔写字，不是为了记事、写文章，而是把它当作一种艺术来欣赏。

什么是书法艺术？书法就是用毛笔写字的艺术。懂书法、会用毛笔写字的人是书法家，书法家用毛笔写的字是书法艺术品。

书法家写字，离不开笔、墨、纸、砚这四样东西。笔、墨、纸、砚这四样东西叫做"文房四宝"。因为……文……

文房四宝制作得非常精美，所以不懂书法的人也喜欢，把它们摆在书房里。下面我们来看看文房四宝是怎么制作的。

毛笔。毛笔的笔杆是竹子做的，笔毛是用细细的羊毛、兔毛、黄鼠狼毛做的。用羊毛做的笔就叫"羊毫"，用兔毛做的笔就叫"兔毫"，用黄鼠狼毛做的笔就叫"狼毫"。野兔毛做的"兔毫笔"大，"狼毫"多是紫色的，所以也叫"紫毫笔"。

墨。墨是用烟粉做的，人们把松树枝或者桐油烧成黑色的烟粉，再和上胶，然后制作成一块块的墨块。因为有的墨里放有香料，所以写出来的字有一股淡淡的香味。

砚，也叫砚台。砚台是用特殊的石头做的，上面常常雕刻有龙凤以及花草的图案。砚台是用来磨墨的。写字的时候，先把墨放在砚台里，放一些水，然后把墨块磨成墨汁。

纸，是用树皮来制成的。它是专门用来写字和画画儿的。安徽宣城生产的纸叫做"宣纸"。宣纸是中国特殊的纸，是用来写字和画画儿的。

毛笔是用稻草制成的。它是用来写字和画画的。

笔、墨、纸、砚，是中国特殊的文房用品，所以人们把它们都叫做"文房四宝"。书法家写字用的毛笔、墨、纸、砚，是一种特殊的艺术品。其实，书法本身也是一种艺术，写出来的字都是艺术品！

九

天(tiān) 干(gān) 地(dì) 支(zhī) 和(hé) 十(shí) 二(èr) 生(shēng) 肖(xiào)

在阿拉伯数字传到中国以前，中国人是用"一、二、三、四、五、六、七、八、九、十、百、千、万、亿"这种汉字数字来记数的。当人们需要记录金钱等重要数字时，还会用"壹、贰、参、肆、伍、陆、柒、捌、玖、拾、佰、仟"这种大写汉字数字。

古时候，人们计数除了用汉字数字外，也用天干和地支。天干有十个：甲、乙、丙、丁、戊、己、庚、辛、壬、癸；地支有十二个：子、丑、寅、卯、辰、巳、午、未、申、酉、戌、亥。古人最早是把天干和地支按照顺序相配起来纪日的，从汉代开始又用它纪年了。现在中国农历还是用天干地支纪年的，例如：2007年是丁亥年，2008年是戊子年。

rì de, cóng hàn dài kāi shǐ yòu yòng tā jì nián le. xiàn zài zhōng guó nóng lì hái shì yòng tiān gān dì zhī jì nián de, lì rú: 2007 nián shì dīng hài nián, 2008 nián shì wù zǐ nián.

以前人们习惯用天干地支来记重大历史事件，例如："甲午战争"、"戊戌变法"、"辛亥革命"等等。今天书画家仍然喜欢用天干地支记做画儿的年份。画家黄子琦2007年在新疆画了一幅画儿，2007年是丁亥年，于是她就在画儿下面写上"黄子琦丁亥年画于新疆"。

yǐ qián rén men xí guàn yòng tiān gān dì zhī lái jì zhòng dà lì shǐ shì jiàn, lì rú: "jiǎ wǔ zhàn zhēng"、"wù xū biàn fǎ"、"xīn hài gé mìng" děng děng. jīn tiān shū huà jiā réng rán xǐ huān yòng tiān gān dì zhī jì zuò huà er de nián fèn. huà jiā huáng zi qí 2007 nián zài xīn jiāng huà le yī fú huà ér, 2007 nián shì dīng hài nián, yú shì tā jiù zài huà er xià mian xiě shang "huáng zi qí dīng hài nián huà yú xīn jiāng".

不知道从什么时候开始，人们用鼠、牛、虎、兔、龙、蛇、马、羊、猴、鸡、狗、猪，这十二个动物，代表十二个地支来记人的出生年份了。人们把代表十

bù zhī dào cóng shén me shí hou kāi shǐ, rén men yòng shǔ、niú、hǔ、tù、lóng、shé、mǎ、yáng、hóu、jī、gǒu、zhū, zhè shí èr gè dòng wù, dài biǎo shí èr gè dì zhī lái jì rén de chū shēng nián fèn le. rén men bǎ dài biǎo shí

二地支记人出生年份的这十二个动物叫做"生肖"或者"属相"。

生肖、属相的意思是说，人是哪一年出生的，就属那一年所代表的动物。例如：1984年是甲子年，鼠代表子，那么这一年就是鼠年，这一年出生的人也就属鼠。至于为什么人们要用鼠、牛、虎、兔这十二种动物来代表十二地支呢？这谁也说不清楚了。

十

皇宫 和 民居
huáng gōng hé mín jū

远古时期，人们是住在山洞里的，大约在八九千年以前，人们才开始建造一些简陋的房屋。建造房屋本来是遮风雨、避野兽的，可是随着社会的进步、经济的发展，房屋渐渐地成了一种生活的享受，许多房屋建造得越来越大，越来越漂亮。世界上最漂亮的房屋是皇帝的宫殿，例如：中国的故宫，英国的白金汉宫，法国的凡尔赛宫，俄国的克里姆林宫，以及西班牙皇宫等，这些皇宫都建造得

富丽堂皇，雄伟壮观。从艺术的角度来看，皇宫凝聚了能工巧匠的智慧、凝聚了建筑艺术的精华，一座皇宫就是一件精致的艺术品；从历史的角度来看，皇宫记录了皇族的兴衰、记录了朝代的更替，一座皇宫就是一座历史博物馆。

其实，不只是皇宫，许多建造风格独特的民居也是一件艺术品，也是一座博物馆。这不，去北京旅游，不管是中国人还是外国人，他们在参观完皇宫以后，还一定要去看一看皇帝住过的故宫，也要去看一看老百姓住过的四合院。中国历史悠久，土地辽阔，不同地方有着不同的样式……

样(yàng) 不(bù) 同(tóng) 风(fēng) 格(gé) 的(de) 民(mín) 居(jū)。例(lì) 如(rú)：北(běi)

京(jīng) 的(de) 四(sì) 合(hé) 院(yuàn)，上(shàng) 海(hǎi) 的(de) 石(shí) 窟(kū) 门(mén)，

福(fú) 建(jiàn) 的(de) 客(kè) 家(jiā) 土(tǔ) 楼(lóu)，山(shān) 西(xī) 的(de) 乔(qiáo)

家(jiā) 大(dà) 院(yuàn)，以(yǐ) 及(jí) 陕(shǎn) 北(běi) 的(de) 窑(yáo) 洞(dòng) 等(děng)

等(děng)。这(zhè) 些(xiē) 民(mín) 居(jū) 表(biǎo) 现(xiàn) 出(chū) 了(le) 一(yī) 种(zhǒng)

独(dú) 特(tè) 的(de) 建(jiàn) 筑(zhù) 艺(yì) 术(shù)；保(bǎo) 留(liú) 了(le) 一(yī)

段(duàn) 灿(càn) 烂(làn) 的(de) 历(lì) 史(shǐ) 文(wén) 化(huà)；展(zhǎn) 示(shì) 了(le)

一(yī) 片(piàn) 浓(nóng) 郁(yù) 的(de) 风(fēng) 土(tǔ) 人(rén) 情(qíng)。

美(měi) 国(guó) 的(de) 民(mín) 俗(sú) 家(jiā)

让(ràng) 美(měi) 美(měi) 人(rén) 能(néng) 够(gòu) 真(zhēn) 学(xué) 地(de) 为(wèi) 了(le)

中(zhōng) 国(guó) 国(guó) 民(mín) 居(jū) 他(tā) 们(men) 实(shí) 远(yuǎn) 感(gǎn) 受(shòu)

地(de) 把(bǎ) 的(de) 国(guó) 安(ān) 徽(huī) 农(nóng) 不(bù) 的(de) 万(wàn) 里(lǐ)

两(liǎng) 百(bǎi) 中(zhōng) 年(nián) 的(de) 房(fáng) 子(zi) 村(cūn) 一(yī) 一(yī) 栋(dòng)

堂(táng) 原(yuán) 多(duō) 不(bù) 动(dòng) 地(de) 搬(bān) 一(yī) 了(le) 荫(yìn) 余(yú)

麻(má) 州(zhōu) 封(fēng) 琶(pá) 迪(dí) 艾(ài) 塞(sāi) 进(jìn) 斯(sī) 美(měi) 国(guó)

馆(guǎn)。　琵(pí)　　　　克(kè)　博(bó) 物(wù)

◆ 附录二 练习答案 ◆
◆ 附錄二 練習答案 ◆

Appendix 2 Answer Key

一、

1. 回想 — 往事
   回想 — 往事
2. 思念 — 亲友
   思念 — 親友
3. 述说 — 烦恼
   述說 — 煩惱
4. 带来 — 快乐
   帶來 — 快樂
5. 象征 — 团圆
   象征 — 團圓
6. 家人 — 团聚
   家人 — 團聚

二、

1. c
2. b
3. a
4. c

三、

1. c
2. a
3. c
4. b

二、 ◆ 环境的影响 ◆
◆ 環境的影響 ◆

一、

1. 言谈举止 — 礼貌
   言談舉止 — 禮貌
2. 环境影响 — 生活
   環境影響 — 生活
3. 哭哭啼啼 — 墓地
   哭哭啼啼 — 墓地
4. 讨价还价 — 市场
   討價還價 — 市場
5. 吹嘘叫卖 — 东西
   吹噓叫賣 — 東西
6. 读书学习 — 学校
   讀書學習 — 學校

二、

1. b
2. c
3. a
4. b

三、

1. b
2. b
3. c
4. c

三、◆ 东西和东西 ◆
◆ 東西和東西 ◆

一、

1. 东边 — 西边
   東邊 — 西邊
2. 问题 — 回答
   問題 — 回答
3. 南边 — 北边
   南邊 — 北邊
4. 升起 — 落下
   昇起 — 落下
5. 不同 — 一样
   不同 — 一樣
6. 买进 — 卖出
   買進 — 賣出

二、

1. b
2. a
3. b
4. c

三、

1. a
2. b
3. c
4. b

四、 ✦ 古人很愚蠢吗? ✦
✦ 古人很愚蠢嗎? ✦

一、

1. 添 ― 加
   添 ― 加
2. 担心 ― 害怕
   擔心 ― 害怕
3. 愚蠢 ― 笨
   愚蠢 ― 笨
4. 朝 ― 向
   朝 ― 向
5. 能干 ― 聪明
   能幹 ― 聰明
6. 足 ― 脚
   足 ― 腳

二、

1. c
2. b
3. a
4. a

三、

1. c
2. a
3. b
4. c

一、

1. 相同 —— 都一样
   相同 —— 都一樣
2. 悠久 —— 时间长
   悠久 —— 時間長
3. 方言 —— 地方话
   方言 —— 地方話
4. 差别 —— 不一样
   差別 —— 不一樣
5. 辽阔 —— 面积大
   遼闊 —— 面積大
6. 麻烦 —— 不方便
   麻煩 —— 不方便

二、

1. c
2. b
3. b
4. a

三、

1. c
2. b
3. b
4. a

六、 ✦ 阿Q精神 ✦
◆ 阿Q精神 ◆

一、

1. 受到 — 委屈
   受到 — 委屈
2. 花钱 — 消灾
   花錢 — 消災
3. 感到 — 难过
   感到 — 難過
4. 欺骗 — 自己
   欺騙 — 自己
5. 孝顺 — 父母
   孝順 — 父母
6. 精神 — 安慰
   精神 — 安慰

二、

1. b
2. c
3. b
4. a

三、

1. b
2. b
3. a
4. c

七、✦ 手足情和七步诗 ✦
✦ 手足情和七步詩 ✦

一、

1. 争夺 — 皇位
   爭奪 — 皇位
2. 嫉妒 — 才能
   嫉妒 — 才能
3. 感到 — 惊讶
   感到 — 驚訝
4. 心狠 — 毒辣
   心狠 — 毒辣
5. 心地 — 善良
   心地 — 善良
6. 相互 — 残杀
   相互 — 殘殺

二、

1. a
2. c
3. b
4. c

三、

1. b
2. a
3. b
4. c

八、 ♦ 文房四宝 ♦
♦ 文房四寶 ♦

一、

1. 书法 — 艺术
   書法 — 藝術
2. 文房 — 四宝
   文房 — 四寶
3. 砚台 — 石头
   硯臺 — 石頭
4. 墨块 — 烟粉
   墨塊 — 烟粉
5. 毛笔 — 羊毫
   毛筆 — 羊毫
6. 宣纸 — 树皮
   宣紙 — 樹皮

二、

1. c
2. c
3. a
4. b

三、

1. b
2. c
3. a
4. c

九、 ✦ 天干地支与十二生肖 ✦
◆ 天干地支與十二生肖 ◆

一、

子	丑	寅	卯	辰	巳	午	未	申	酉	戌	亥
子	丑	寅	卯	辰	巳	午	未	申	酉	戌	亥

鼠	牛	虎	兔	龙	蛇	马	羊	猴	鸡	狗	猪
鼠	牛	虎	兔	龍	蛇	馬	羊	猴	鷄	狗	豬

二、

1. c
2. b
3. b
4. a

三、

1. b
2. c
3. c
4. b

十、 ♦ 皇宫和民居 ♦
♦ 皇宫和民居 ♦

一、

1. 富丽 — 堂皇
   富麗 — 堂皇
2. 雄伟 — 壮观
   雄偉 — 壯觀
3. 历史 — 悠久
   歷史 — 悠久
4. 不远 — 万里
   不遠 — 萬里
5. 地大 — 物博
   地大 — 物博
6. 能工 — 巧匠
   能工 — 巧匠

二、

1. b
2. c
3. a
4. b

三、

1. b
2. c
3. a
4. c

✦ 生词索引 ✦
生詞索引

生詞索引

Vocabulary Index (Alphabetical by Pinyin)

Pinyin	Simplified Characters	Traditional Characters	Part of Speech	English Definition	Lesson
A					
Ā Q	阿Q	阿Q	*prn.*	Ah Q, the protagonist in Lu Xun's novel *The True Story of Ah Q*	6
ālābó	阿拉伯	阿拉伯	*prn.*	Arabic	9
ānwèi	安慰	安慰	*v.*	comfort, to console	6
àntúsuǒjì	按图索骥	按圖索驥	*id.*	try to locate something by following up a clue	4
ànzhào	按照	按照	*prep.*	according to	5
B					
báibáide	白白地	白白地	*adv.*	for nothing, in vain	6
bǎi	摆	擺	*v.*	put; place	8
bān	搬	搬	*v.*	move	2
báoliú	保留	保留	*v.*	continue to have; retain	10
běnshēn	本身	本身	*n.*	itself; in itself	8
bǐgǎn	笔杆	筆桿	*n.*	shaft of a pen	8

Pinyin	Simplified Characters	Traditional Characters	Part of Speech	English Definition	Lesson
bǐjià	笔架	筆架	n.	pen rack; brush-holder	8
bǐmáo	笔毛	筆毛	n.	the bristles of a Chinese writing brush	8
bǐmào	笔帽	筆帽	n.	the cap of a pen	8
bǐtǒng	笔筒	筆筒	n.	pen container; brush pot	8
bǐxīn	笔心	筆心	n.	pencil lead; pen refill; ink cartridge	8
bǐsài	比赛	比賽	v.	match; competition	4
bǐzuò	比做	比做	v.	compare metaphorically; make an analogy	7
bì	避	避	v.	avoid; keep away	10
bìxū	必须	必須	adv.	must; have to	5
bìyào	必要	必要	adj.	necessary	4
bìyè	毕业	畢業	v.	graduate; finish school	2
biǎoxiàn	表现	表現	v.	show; display; manifest	10
bóshì	博士	博士	n.	doctoral degree; Ph.D.	2
bùjiǔ	不久	不久	adj.	soon; not long after	2
bùfèn	部分	部分	n.	part; portion	5
bùyuǎnwànlǐ	不远万里	不遠萬里	id.	without regarding a thousand miles as very distant—take the trouble of traveling a long distance	10

C

cáinéng	才能	才能	n.	ability; talent	7
cánkuì	惭愧	慚愧	adj.	ashamed	7

Pinyin	Simplified Characters	Traditional Characters	Part of Speech	English Definition	Lesson
cánshā	残杀	殘殺	*v.*	murder; massacre	7
cànlàn	灿烂	燦爛	*adj.*	magnificent; splendid; resplendent	10
Cáo Cāo	曹操	曹操	*prn.*	Cao Cao (A.D.155–220) A powerful warlord in the late Han Dynasty period	7
Cáo Pēi	曹丕	曹丕	*prn.*	Cao Pi (A.D. 187–226) Cao Cao's elder son, a shrewd ruler of the state of Wei and also a poet	7
Cáo Zhí	曹植	曹植	*prn.*	Cao Zhi (A.D. 192–232) Cao Cao's younger son, a renowned poet	7
céngjīng	曾经	曾經	*adv.*	once; at one time	6
chābié	差别	差別	*n.*	discrepancy	5
cháiyóu	柴油	柴油	*n.*	diesel oil	3
chǎnshēng	产生	產生	*v.*	bring	3
cháo	朝	朝	*prep.*	towards	4
chéngjiù	成就	成就	*n.*	achievement; success	2
chéngwéi	成为	成為	*v.*	become; turn into	2
chéngzhǎng	成长	成長	*v.*	grow up; grow to maturity	2
chóngyángjié	重阳节	重陽節	*prn.*	Double Ninth Festival (the ninth day of the ninth lunar month)	1
chūzhōng	初中	初中	*n.*	junior high school	2
chuán	传	傳	*v.*	pass; pass on; hand down	9
chuánshuō	传说	傳説	*n.*	legend	1

Pinyin	Simplified Characters	Traditional Characters	Part of Speech	English Definition	Lesson
chuīxū	吹嘘	吹噓	v.	brag	2
chūnjié	春节	春節	prn.	the Spring Festival (the first day of the first month of the Chinese lunar calendar)	1
chuòxué	辍学	輟學	v.	discontinue one's studies	2
cúnzài	存在	存在	v.	being; exist	6

D

Pinyin	Simplified Characters	Traditional Characters	Part of Speech	English Definition	Lesson
dàchéngshì	大城市	大城市	n.	major city; metropolis	5
dàxiě	大写	大寫	n.	the "capital" form of a Chinese numeral, used on official documents, banknotes, etc.	9
dàxué	大学	大學	n.	university; college	2
dàiyǒu	带有	帶有	v.	have something hidden inside	5
dānxīn	担心	擔心	v.	worry oneself about; be anxious about	4
dānyōu	担忧	擔憂	v.	worry; be anxious	6
dàn	淡	淡	adj.	light	8
dāng	当	當	v.	equal to	6
dāngdì	当地	當地	n.	local	5
dǎoyào	捣药	搗藥	vo.	grind medicine	1
dàocǎo	稻草	稻草	n.	rice fiber	8
dēnglong	灯笼	燈籠	n.	lantern	1
dìfanghuà	地方话	地方話	n.	dialect	5
dìqiú	地球	地球	n.	earth	3

Pinyin	Simplified Characters	Traditional Characters	Part of Speech	English Definition	Lesson
dìzhī	地支	地支	*n.*	the twelve Earthly Branches, traditional terms used as ordinal numbers	9
diǎn	点	點	*v.*	light up	1
diāokè	雕刻	雕刻	*v.*	carve; engrave	8
diū/diūdiào	丢/丢掉	丢/丢掉	*v.*	lose; throw away	6
Dōngběihuà	东北话	東北話	*prn.*	Northeast dialect	5
Dōngshīxiàopín	东施效颦	东施效颦	*id.*	Dong Shi, an ugly woman, knitting her brows in imitation of the famous beauty Xi Shi, only to make herself uglier – blind imitation with ludicrous effect	4
dòngwù	动物	動物	*n.*	animal	9
dòugǎn	豆秆	豆稈	*n.*	beanstalk	7
dútè	独特	獨特	*adj.*	unique; distinctive	5
duānwǔjié	端午节	端午節	*prn.*	the Dragon Boat Festival (the fifth day of the fifth lunar month)	1
duìfāng	对方	對方	*n.*	the other (or opposite) side	5
duìniútánqín	对牛弹琴	對牛彈琴	*id.*	play the lute to a cow — choose the wrong audience	4
duōshao	多少	多少	*adv.*	somewhat	7

Pinyin	Simplified Characters	Traditional Characters	Part of Speech	English Definition	Lesson
E					
Éguó Kèlǐ-mǔlín gōng	俄国克里姆林宫	俄國克里姆林宮	*prn.*	Russia's Kremlin	10
értóngjié	儿童节	兒童節	*prn.*	International Children's Day (June 1)	1
F					
fāchóu	发愁	發愁	*v.*	worry; be anxious	6
fādá	发达	發達	*adj.*	develop	5
fá	罚	罰	*v.*	punish	1
fáshù	伐树	伐樹	*vo.*	cut down trees	1
Fǎguó Fáněr-sài gōng	法国凡尔赛宫	法國凡爾賽宮	*prn.*	France's Versailles	10
fánnǎo	烦恼	煩惱	*adj.*	annoyed	1
fǎnmiàn	反面	反面	*n.*	reverse side; opposite	4
fāngmiàn	方面	方面	*n.*	aspect	5
fāngwèi	方位	方位	*n.*	direction	3
fāngxiàng	方向	方向	*n.*	direction; orientation	4
fāngyán	方言	方言	*n.*	dialect	5
fàngxīn	放心	放心	*v.*	set one's mind at rest	6
fēipán	飞盘	飛盤	*n.*	flying disc, Frisbee	3
fěnbǐ	粉笔	粉筆	*n.*	chalk	8
fènnù	愤怒	憤怒	*adj.*	indignation; anger	6
fēnggé	风格	風格	*n.*	style	10
fēngtǔrénqíng	风土人情	風土人情	*id.*	local conditions and customs	10
fūfù	夫妇	夫婦	*n.*	husband and wife	6

Pinyin	Simplified Characters	Traditional Characters	Part of Speech	English Definition	Lesson
Fújiàn kèjiā	福建客家	福建客家	n.	traditional round earthen houses built by Hakka people in Fujian	10
fùjìn	附近	附近	n.	nearby; close to	2
fùlìtánghuáng	富丽堂皇	富麗堂皇	id.	sumptuous; splendid	10
fùnǚjié	妇女节	婦女節	prn.	International Women's Day (March 8)	1

G

gāng	钢	鋼	n.	steel	3
gāngbǐ	钢笔	鋼筆	n.	pen; fountain pen	8
gāoxìng	高兴	高興	adj.	glad; happy; cheerful	6
gāozhōng	高中	高中	n.	senior high school	2
gèzhǒnggèyàn	各种各样	各種各樣	id.	varieties	3
gēn	根	根	n.	root	7
gēngtì	更替	更替	v.	replace	10
gōngdiàn	宫殿	宮殿	n.	palace	10
gǔ	股	股	m.	measure word for water or air	8
guānxi	关系	關系	n.	relation; relationship	2
guānyú	关于	關于	prep.	about; on	1
guǎnlǐ	管理	管理	v.	manage; administer	7
guǎngbō	广播	廣播	n.	broadcast	5
Guǎngdōnghuà	广东话	廣東話	prn.	Cantonese	5
guō	锅	鍋	n.	cooking pot	7
guóqìngjié	国庆日	國慶日	prn.	National Day (PRC)(October 1)	1

Pinyin	Simplified Characters	Traditional Characters	Part of Speech	English Definition	Lesson
H					
hàipà	害怕	害怕	v.	be afraid; be scared	6
hándānxuébù	邯郸学步	邯鄲學步	id.	imitate others slavishly and thus lose one's individuality	4
Hánguó	韩国	韓國	prn.	Korea	3
Hàncháo	汉朝	漢朝	prn.	Han Dynasty (206 B.C.–A.D. 220)	7
háo	毫	毫	n.	fine long hair; writing brush	8
hé	何	何	adv.	why, what (classical)	7
Hénánhuà	河南话	河南話	prn.	Henan dialect	5
hú	壶	壺	n.	kettle; pot	4
Húnánhuà	湖南话	湖南話	prn.	Hunan dialect	5
huāqián	花钱	花錢	vo.	spend money	6
huàbǐ	画笔	畫筆	n.	paintbrush	8
huàfēn	划分	劃分	v.	divide	5
huàshétiānzú	画蛇添足	畫蛇添足	id.	draw a snake and add feet to it—ruin the effect by adding something superfluous	4
huánjìng	环境	環境	n.	environment; surroundings	2
huángshǔláng	黄鼠狼	黃鼠狼	n.	yellow weasel	8
huánggōng	皇宫	皇宮	n.	(imperial) palace	10
huángwèi	皇位	皇位	n.	throne	7
Huángzǐqí	黄子琦	黃子琦	prn.	name of a painter	9
huángzú	皇族	皇族	n.	people of imperial lineage	10

Pinyin	Simplified Characters	Traditional Characters	Part of Speech	English Definition	Lesson
huó	和	和	*v.*	mix (powder) with something	8
huòduōhuòshào	或多或少	或多或少	*ce.*	more or less	6
huòwù	货物	貨物	*n.*	goods; merchandise	3

J

Pinyin	Simplified Characters	Traditional Characters	Part of Speech	English Definition	Lesson
jīběn	基本	基本	*n.*	basic	3
jídù	嫉妒	嫉妒	*v.*	be jealous of; envy	7
jítā	吉他	吉他	*n.*	guitar	3
jìchéng	继承	繼承	*v.*	inherit	7
jìlù	记录	記錄	*v.*	record	9
jìnián	纪年	紀年	*vo.*	count/number the years	9
jìrì	纪日	紀日	*vo.*	count/number the days	9
jìshù	计数	計數	*v.*	count	9
jìsuànjī	计算机	計算機	*n.*	computer; calculator	3
jìtuō	寄托	寄托	*v.*	place (hope, etc.) on	1
jiājiāhùhù	家家户户	家家戶戶	*n.*	every household	1
jiǎwǔzhànzhēng	甲午战争	甲午戰爭	*prn.*	the Sino-Japanese War of 1894–1895	9
jiān	煎	煎	*v.*	simmer in water	7
jiǎnlòu	简陋	簡陋	*adj.*	simple and crude	10
jiànjūnjié	建军节	建軍節	*prn.*	August 1 Army Day (PRC)	1
jiànzào	建造	建造	*v.*	build	10
jiànzhù	建筑	建築	*n.*	build; architecture	10
jiāo	胶	膠	*n.*	glue	8

Pinyin	Simplified Characters	Traditional Characters	Part of Speech	English Definition	Lesson
jiāotōng	交通	交通	n.	communication	5
jiāozhùgǔsè	胶柱鼓瑟	膠柱鼓瑟	id.	play the se (an ancient zither-like instrument) with the pegs glued — stubbornly stick to old ways in the face of changed circumstances	4
jiǎodù	角度	角度	n.	point of view	10
jiǎohuá	狡猾	狡猾	adj.	sly; crafty	7
jiàomài	叫卖	叫賣	v.	cry one's wares; peddle	2
jiēzhe	接着	接着	v.	continue	3
jiérì	节日	節日	n.	festival; holiday	1
jiětuō	解脱	解脫	v.	free (or extricate) oneself	6
jīn	金	金	n.	metal	3
jīnbǐ	金笔	金筆	n.	gold fountain pen	8
jīnqián	金钱	金錢	n.	money	9
jǐnzhāng	紧张	緊張	adj.	nervous	6
Jìncháo	晋朝	晉朝	prn.	Jin Dynasty (265–420)	7
jīngcháng	经常	經常	adv.	frequently; often	5
jīnghuá	精华	精華	n.	essence	10
jīngměi	精美	精美	adj.	exquisite; elegant	8
jīngshén	精神	精神	n.	spirit	6
jīngshén shènglìfǎ	精神胜利法	精神勝利法	n.	champion of spiritual victory	6
jīngxīn	精心	精心	adj.	meticulously; elaborately	1
jīngzhì	精致	精致	adj.	fine; delicate	10
jīngyà	惊讶	驚訝	adj.	surprised; amazed	7
jǔzhǐ	举止	舉止	n.	deportment	2

Pinyin	Simplified Characters	Traditional Characters	Part of Speech	English Definition	Lesson
jùyǒu	具有	具有	*v.*	possess; have	4
juǎnbǐdāo	卷笔刀	卷筆刀	*n.*	pencil sharpener	8

K

kǎnfá	砍伐	砍伐	*v.*	fell trees; cut lumber	1
kèzhōuqiújiàn	刻舟求剑	刻舟求劍	*id.*	cut a mark on the side of one's boat to indicate the place where one's sword has dropped into the river–take measures without regard to changes in circumstances	4
kǒuyin	口音	口音	*n.*	voice; accent	5
kūkutítí	哭哭啼啼	哭哭啼啼	*v.*	endlessly weep and wail	2
kuàilè	快乐	快樂	*adj.*	happy; joyful; cheerful	6

L

làbǐ	蜡笔	蠟筆	*n.*	wax crayon	8
láiyuán	来源	來源	*v.*	originate	3
lánzi	篮子	籃子	*n.*	basket	3
láodòngjié	劳动节	勞動節	*prn.*	International Labor Day (May 1)	1
lǎozi	老子	老子	*n.*	father (colloquial)	6
liáokuò	辽阔	遼闊	*adj.*	vast; extensive	5
Lǔ Xùn	鲁迅	魯迅	*prn.*	name of an author, Lu Xun (1881–1936; regarded as the father of modern Chinese literature)	6
lùfèi	路费	路費	*n.*	traveling expenses	4

Pinyin	Simplified Characters	Traditional Characters	Part of Speech	English Definition	Lesson
lǚ	铝	鋁	*n.*	aluminum	3
luò	落	落	*v.*	fall (here referring to the sunset)	3

M

Pinyin	Simplified Characters	Traditional Characters	Part of Speech	English Definition	Lesson
máfan	麻烦	麻煩	*adj.*	troublesome; inconvenient	5
Mázhōu	麻州	麻州	*prn.*	Massachusetts	10
mǎfū	马夫	馬夫	*n.*	groom (person who takes care of horses)	4
máizàng	埋葬	埋葬	*v.*	bury	2
máobǐ	毛笔	毛筆	*n.*	writing brush	8
méi	煤	煤	*n.*	coal	3
méibǐ	眉笔	眉筆	*n.*	eyebrow pencil	8
méiqì	煤气	煤氣	*n.*	coal gas	3
Mèngzǐ	孟子	孟子	*prn.*	Mencius	2
mínjū	民居	民居	*n.*	residence house	10
mínsúxuéjiā	民俗学家	民俗學家	*n.*	specialist in folklore	10
Mǐnnánhuà	闽南话	閩南話	*prn.*	South Fujian dialect	5
Míngcháo	明朝	明朝	*prn.*	Ming Dynasty (1368–1644)	7
mó	磨	磨	*v.*	rub	8
mófǎng	模仿	模仿	*v.*	imitate; copy; model oneself on	2
mò	墨	墨	*n.*	Chinese ink stick	8
mòzhī	墨汁	墨汁	*n.*	prepared Chinese ink	8
mùdì	墓地	墓地	*n.*	graveyard	2
mùdìdì	目的地	目的地	*n.*	destination	4

Pinyin	Simplified Characters	Traditional Characters	Part of Speech	English Definition	Lesson
Q					
qīpiàn	欺骗	欺騙	*v.*	deceive; cheat	6
Qǐguó	杞国	杞國	*prn.*	an ancient feudal state	4
Qǐrényōutiān	杞人忧天	杞人憂天	*id.*	the man of Qi who was haunted by the fear that the sky might fall— entertain imaginary or groundless fears	4
qì	泣	泣	*v.*	weep; sob	7
qìtǐ	气体	氣體	*n.*	gas	4
qìyóu	汽油	汽油	*n.*	gasoline	3
qiān	迁	遷	*v.*	move; change	2
qiān	铅	鉛	*n.*	lead	3
qiānbǐ	铅笔	鉛筆	*n.*	pencil	8
Qíncháo	秦朝	秦朝	*prn.*	Qin Dynasty (221 B.C.–206 B.C.)	7
Qīngcháo	清朝	清朝	*prn.*	Qing Dynasty (1644–1911)	7
qīngmíngjié	清明节	清明節	*prn.*	the Pure Brightness Festival, also known as the Tomb-Sweeping Festival (on April 4, 5, or 6 solar term)	1
qīngqì	氢气	氫氣	*n.*	hydrogen	3
qīngshēng	轻声	輕聲	*n.*	(in Chinese pronunciation) unstressed syllable pronounced without its original tone	3
qiúxié	球鞋	球鞋	*n.*	gym shoes; sneakers	3

Pinyin	Simplified Characters	Traditional Characters	Part of Speech	English Definition	Lesson
qū	区	區	*n.*	area; district; region	5
qūbié	区别	區別	*v.*	distinguish	3
quàn	劝	勸	*v.*	advise; urge; try to persuade	4
quèshí	确实	確實	*adv.*	indeed; truly	6

R

réngrán	仍然	仍然	*adv.*	still; yet	9
Rìběn	日本	日本	*prn.*	Japan	3

S

Sānguó	三国	三國	*prn.*	Three Kingdoms (A.D. 220–280)	7
shāhài	杀害	殺害	*v.*	murder; kill	7
shāndòng	山洞	山洞	*n.*	cave	10
Shāndōnghuà	山东话	山東話	*prn.*	Shandong dialect	5
Shānxī qiáojiā dàyuàn	山西乔家大院	山西喬家大院	*prn.*	the Qiaojia Courtyard, a renowned example of traditional residential architecture located in Shanxi	10
Shǎnběi yáodòng	陕北窑洞	陝北窰洞	*prn.*	cave houses in Shanbei (Shaanxi province)	10
Shǎnxīhuà	陕西话	陝西話	*prn.*	Shaanxi dialect	5
shànyǎng	赡养	贍養	*v.*	support	6
Shāngcháo	商朝	商朝	*prn.*	Shang Dynasty (1600 B.C.–1046 B.C.)	7
shānghài	伤害	傷害	*v.*	injure; harm	7

Pinyin	Simplified Characters	Traditional Characters	Part of Speech	English Definition	Lesson
shāngxīn	伤心	傷心	*adj.*	sad, broken-hearted	1
Shànghaihuà	上海话	上海話	*prn.*	Shanghainese	5
Shànghǎi shíkūmén	上海 石窟门	上海 石窟門	*prn.*	"Stone gate" style of architecture, traditional in Shanghai	10
shāo	烧	燒	*v.*	burn	7
shēnghuó	生活	生活	*v.*	live	2
shēngqì	生气	生氣	*v.*	take offence; get angry	6
shēngxiào	生肖	生肖	*n.*	the twelve symbolic animals, representing the twelve Earthly Branches, used to symbolize the year in which a person is born	9
shènglì	胜利	勝利	*n.*	victory	6
shíbǐ	石笔	石筆	*n.*	slate pencil	8
shíyóu	石油	石油	*n.*	petroleum	3
shìchǎng	市场	市場	*n.*	marketplace; market	2
shìjiàn	事件	事件	*n.*	incident; event	9
shìwù	事物	事物	*n.*	thing; object	3
shìyàng	式样	式樣	*n.*	style; type; model	10
shǒuzhūdàitù	守株待兔	守株待兔	*id.*	stand by a stump waiting for hares to run into it—wait for a windfall	4
shǒuzú	手足	手足	*n.*	hand and feet, metaphorical expression for brothers	7
shū	输	輸	*v.*	lose	4
shūfǎ	书法	書法	*n.*	calligraphy	8

Pinyin	Simplified Characters	Traditional Characters	Part of Speech	English Definition	Lesson
shūhuàjiā	书画家	書畫家	*n.*	painter and calligrapher	9
shūfu	舒服	舒服	*adj.*	comfortable; be well	6
shǔxiàng	属相	屬相	*n.*	synonym for 生肖	9
shùpí	树皮	樹皮	*n.*	bark	8
shùshuō	述说	述説	*v.*	recount, narrate	1
shùzì	数字	數字	*n.*	numeral; digit	9
shùnxù	顺序	順序	*n.*	order; sequence	9
shuòshì	硕士	碩士	*n.*	master's degree	2
sīnian	思念	思念	*v.*	think of; long for; miss	1
sǐrén	死人	死人	*n.*	the dead	2
Sìchuānhuà	四川话	四川話	*prn.*	Sichuan dialect	5
sōngshùzhī	松树枝	松樹枝	*n.*	branch of pine	8
Sòngcháo	宋朝	宋朝	*prn.*	Song dynasty (A.D. 960–1279)	3
Sūzhōuhuà	苏州话	蘇州話	*prn.*	Suzhou dialect	5
sùliào	塑料	塑料	*n.*	plastics	3
Suícháo	隋朝	隋朝	*prn.*	Sui Dynasty (A.D. 581–618)	7

T

Pinyin	Simplified Characters	Traditional Characters	Part of Speech	English Definition	Lesson
tā	塌	塌	*v.*	collapse; fall down	4
tàn	炭	炭	*n.*	charcoal	3
tànbǐ	炭笔	炭筆	*n.*	charcoal pencil	8
Tángcháo	唐朝	唐朝	*prn.*	Tang Dynasty (A.D. 618–907)	7
tǎojià huánjià	讨价还价	討價還價	*id.*	bargain	2
tí	提	提	*v.*	carry	3

Pinyin	Simplified Characters	Traditional Characters	Part of Speech	English Definition	Lesson
tiān	添	添	*v.*	add; increase	4
tiāngān	天干	天干	*n.*	the ten Heavenly Stems, traditionally used as serial numbers	9
Tiānjīnhuà	天津话	天津話	*prn.*	Tianjin dialect	5
tiānránqì	天然气	天然氣	*n.*	natural gas	3
tiě	铁	鐵	*n.*	iron	3
tíngxué	停学	停學	*v.*	stop going to school	2
tóng	铜	銅	*n.*	copper	3
tóngnián	童年	童年	*n.*	childhood	1
tóngyóu	桐油	桐油	*n.*	tung oil	8
tòngkǔ	痛苦	痛苦	*adj.*	pain; suffering; agony	6
tú'àn	图案	圖案	*n.*	pattern; design	8
tǔlǒu	土楼	土樓	*n.*	traditional round earthen houses built by Hakka people in Fujian	
tùmáo	兔毛	兔毛	*n.*	rabbit hair	8
tuánjù	团聚	團聚	*v.*	reunite	1
tuányuán	团圆	團圓	*v.*	reunion	1
tuīguǎng	推广	推廣	*v.*	extend	5
tuìxué	退学	退學	*v.*	leave school; withdraw from school	2

W

Pinyin	Simplified Characters	Traditional Characters	Part of Speech	English Definition	Lesson
wàidì	外地	外地	*n.*	parts of the country other than where one is	1
wān	弯	彎	*adj.*	curved	1
wǎngshì	往事	往事	*n.*	past events; the past	1

Pinyin	Simplified Characters	Traditional Characters	Part of Speech	English Definition	Lesson
wěiqu	委屈	委屈	*adj.*	feeling wronged; chagrined	6
Wèiguó	魏国	魏國	*prn.*	an ancient feudal state	7
Wēnzhōuhuà	温州话	温州話	*prn.*	Wenzhou dialect	5
wénfángsìbǎo	文房四宝	文房四寶	*n.*	the four treasures of the study (writing brush, ink stick, inkstone and paper)	8
wènshì	问世	問世	*v.*	be published; come out	6
wúchùkěqù	无处可去	無處可去	*ce.*	nowhere to go	4
Wúgāng	吴刚	吳剛	*prn.*	person's name	1
wúlùn	无论	無論	*conj.*	no matter what	1
Wǔdàishíguó	五代十国	五代十國	*prn.*	Five Dynasties (A.D. 907–960)	7
wǔxíng	五行	五行	*n.*	the five elements (metal, wood, water, fire and earth)	3
wùxūbiànfǎ	戊戌变法	戊戌變法	*prn.*	the Reform Movement of 1898	9
wùzhì	物质	物質	*n.*	material	3

X

xī	锡	錫	*n.*	tin	3
Xībānyá huánggōng	西班牙皇宫	西班牙皇宮	*prn.*	Spain's Royal Palace	10
xì	细	細	*adj.*	thin	8
Xiàcháo	夏朝	夏朝	*prn.*	Xia Dynasty (2070 B.C.–1600 B.C.)	7
xiānghù	相互	相互	*adv.*	mutual; each other	5

Pinyin	Simplified Characters	Traditional Characters	Part of Speech	English Definition	Lesson
xiāngpèi	相配	相配	v.	pair off; group together	9
xiāngliào	香料	香料	n.	perfume	8
xiǎngshòu	享受	享受	n.	enjoy; enjoyment	10
xiàngjiāo	橡胶	橡膠	n.	rubber	3
xiāochú	消除	消除	v.	eliminate; remove	6
xiāozāi	消灾	消災	vo.	prevent calamity	6
xiǎoshuō	小说	小説	n.	novel	6
xiǎoxué	小学	小學	n.	primary or elementary school	2
xiàoshùn	孝顺	孝顺	v.	show filial obedience	6
xīndìshànliáng	心地善良	心地善良	id.	good-natured; kind-hearted	7
xīnhěndúlà	心狠毒辣	心狠毒辣	id.	cruel and ruthless	7
xīnhàigémìng	辛亥革命	辛亥革命	prn.	the Revolution of 1911	9
Xīnjiāng	新疆	新疆	prn.	Xinjiang Autonomous Region	9
xīnshǎng	欣赏	欣賞	v.	appreciate	8
xīngshuāi	兴衰	興衰	v.	rise and decline; rise and fall	10
xióngwěi zhuàngguān	雄伟壮观	雄偉壯觀	id.	grand; magnificent	10
xiūxué	休学	休學	v.	suspend one's schooling; take a leave of absence	2
xūyào	需要	需要	v.	need; want	9
xuānzhǐ	宣纸	宣紙	n.	Xuan paper, a high quality paper	8

Pinyin	Simplified Characters	Traditional Characters	Part of Speech	English Definition	Lesson
xuēzúshìlǚ	削足适履	削足適履	*id.*	cut the feet to fit the shoes; act in a procrustean manner	4
xuéshì	学士	學士	*n.*	bachelor's degree	2
xuéshuō	学说	學說	*n.*	theory	3
xuéwèi	学位	學位	*n.*	academic degree	2

Y

yà	亚	亞	*adj.*	inferior; second	2
yānfěn	烟粉	烟粉	*n.*	soot	8
yánjiūsuǒ	研究所	研究所	*n.*	graduate school	2
yántán	言谈	言談	*n.*	speech	2
yǎněrdàolíng	掩耳盗铃	掩耳盗鈴	*id.*	plug one's ears while stealing a bell—deceive the public	4
yàn (yàntai)	砚（砚台）	硯（硯臺）	*n.*	inkstone	8
yǎng	养	養	*v.*	raise; give birth to	6
yǎngqì	氧气	氧氣	*n.*	oxygen	3
yàngzi	样子	樣子	*n.*	appearance; manner	2
yāoqiú	要求	要求	*v.*	require	5
yěshòu	野兽	野獸	*n.*	wild animal	10
yětù	野兔	野兔	*n.*	wild rabbit	8
yìshù	艺术	藝術	*n.*	artistic product	8
yìyè	肄业	肄業	*v.*	study in school or at college	2
yìyì	意义	意義	*n.*	meaning; sense; significance	4
yín	银	銀	*n.*	silver	3

Pinyin	Simplified Characters	Traditional Characters	Part of Speech	English Definition	Lesson
yínshī	吟诗	吟詩	*vo.*	recite poetry	1
Yīngguó Báijīnhàn gōng	英国白金汉宫	英國白金漢宮	*prn.*	England's Buckingham Palace	10
yǐngxiǎng	影响	影響	*v.*	influence	2
yōu	忧	憂	*v.*	worry; anxiety	4
yōuchóu	忧愁	憂愁	*adj.*	sad; worried; depressed	6
yōujiǔ	悠久	悠久	*adj.*	long-standing; age-old	5
yóu	由	由	*prep.*	by; from	4
yóuxì	游戏	游戲	*n.*	game	2
yǒuchūxi	有出息	有出息	*vo.*	successful	2
yǒuqù	有趣	有趣	*adj.*	interesting	3
yúchǔn	愚蠢	愚蠢	*adj.*	stupid; foolish	4
yúkuài	愉快	愉快	*adj.*	happy; joyful; cheerful	6
yǔdiào	语调	語調	*n.*	intonation	5
yǔyīn	语音	語音	*n.*	speech sounds; pronuniation	5
yǔzhòujiān	宇宙间	宇宙間	*n.*	universe; cosmos	3
yùtù	玉兔	玉兔	*prn.*	the Jade Hare	1
yùyán	寓言	寓言	*n.*	fable; allegory	4
yuán	辕	轅	*n.*	shafts of a cart or carriage	4
Yuáncháo	元朝	元朝	*prn.*	Yuan Dynasty (A.D. 1206–1368)	7
yuándànjié	元旦	元旦	*prn.*	New Year's Day	1
yuánxiāo	元宵	元宵	*n.*	sweet dumplings made of glutinous rice flour (for the Lantern Festival)	1

Pinyin	Simplified Characters	Traditional Characters	Part of Speech	English Definition	Lesson
yuánxiāojié	元宵节	元宵節	*prn.*	the Lantern Festival (the fifteenth day of the first lunar month)	1
yuánfēng bùdòng	原封不动	原封不動	*id.*	be left intact; remain unbroken	10
yuánzhūbǐ	圆珠笔	圓珠筆	*n.*	ballpoint pen	8
yuǎngǔ	远古	遠古	*n.*	remote antiquity	10
yuèbǐng	月饼	月餅	*n.*	moon cake (for the Mid-Autumn Festival)	1
yuèyá	月牙	月牙	*n.*	crescent moon	1

Z

Pinyin	Simplified	Traditional	POS	English	Lesson
zāihuò	灾祸	災禍	*n.*	disaster	6
zhǎnshì	展示	展示	*v.*	reveal; show; lay bare	10
zhē	遮	遮	*v.*	block; keep out	10
zhé	辙	轍	*n.*	the track of a wheel	4
zhēngdòu	争斗	爭斗	*v.*	fight; struggle	7
zhēngduó	争夺	爭奪	*v.*	fight for; contend for	7
zhēngzhuàn	正传	正傳	*n.*	authorized biography	6
zhìhuì	智慧	智慧	*adj.*	brightness; sapience; wisdom	10
zhīlèi	之类	之類	*ce.*	and the like	9
zhīsuǒyǐ	之所以	之所以	*conj.*	as a result	2
zhìyú	至于	至于	*conj.*	regarding; with regard to	9
zhìzuò	制作	制作	*v.*	make	1
Zhōngguó gùgōng	中国故宫	中國故宮	*prn.*	China's Imperial Palace	10

Pinyin	Simplified Characters	Traditional Characters	Part of Speech	English Definition	Lesson
Zhōnghuá Mínguó	中华民国	中華民國	*prn.*	Republic of China (1912–1949)	7
Zhōnghuá Rénmín Gònghéguó	中华人民共和国	中華人民共和國	*prn.*	People's Republic of China (1949–present)	7
Zhōngqiūjié	中秋节	中秋節	*n.*	the Mid-Autumn Festival (fifteenth day of the eighth lunar month)	1
zhōngxiǎoxué	中小学	中小學	*n.*	elementary, middle, and high school	5
zhōngxué	中学	中學	*n.*	high school; middle school	2
zhòngdà	重大	重大	*adj.*	major; significant	9
zhòngyào	重要	重要	*adj.*	important	2
Zhōucháo	周朝	周朝	*prn.*	Zhou Dynasty (1046 B.C.–256 B.C.)	7
zhú	竹	竹	*n.*	bamboo	3
zhǔ	煮	煮	*v.*	boil; cook	7
zhǔyào	主要	主要	*n.*	main	5
zhùmíng	著名	著名	*adj.*	outstanding; notable	6
zhuǎnxué	转学	轉學	*v.*	(of student) transfer to another school	2
zhuāng	装	裝	*v.*	fill	3
zǐ	紫	紫	*adj.*	purple	8
zìxiāngmáodùn	自相矛盾	自相矛盾	*id.*	contradict oneself; be self-contradictory	4
zú	足	足	*n.*	foot; leg	4
zúqiú	足球	足球	*n.*	soccer	3
zǔchéng	组成	組成	*v.*	form; make up; compose	4